W0085610

LOVE
HURTS

Tina Bremer-Olszewski

LOVE HURTS

Warum Liebeskummer
ein echter Scheiß und
gleichzeitig ein Segen ist

Mit Bildern von Hanna Wenzel

CARLSEN

Für meine Mädchen – in Liebe

Die Liebe kennt keine Gendergrenzen. Alle lieben alle. Dieses Buch ist für jedes Wesen des Universums da, denn der Kummer macht keine Unterschiede. Im Sinne der Lesbarkeit beschränken wir uns auf die Er/Sie-Formulierung.

KLEINE BUCHKUNDE

Liebeskummer zieht den Stecker. Du funktionierst nicht mehr. Null Energie. Kannst nicht mehr essen, schlafen, und selbst aufzustehen erscheint dir schon zu viel. Ist es ganz schlimm, verabschiedet sich sogar dein Lebensmut. Dieses Buch soll helfen. Es nimmt dich ernst.

Love Hurts begleitet dich in den verschiedenen Phasen der Trennung. Es begleitet dich im Schmerz, in der Trauer, in der Wut – dabei weicht es wie ein guter Freund nicht von deiner Seite. Auch dann nicht, wenn du dich im Strudel der Ereignisse zu verlieren drohst.

Es urteilt nicht.

Liebeskummer verläuft nicht immer linear, ist nicht immer logisch. Es wird bessere Tage geben und danach wieder richtig beschissene. Sei geduldig mit dir. Du liest, wenn du Trost und Hilfe suchst. Steig ein, wo du willst, lass es los, wann du willst. Du bestimmst den Rhythmus und die Zeit, die du brauchst. Und du bestimmst, was du für dich aus diesem Buch ziehst. Es ist ein Angebot.

Damit du verstehst, was in diesen Zeiten in deinem Körper und deiner Psyche vor sich geht, bieten Expertinnen ihr Wissen an. Und so schenkt dir *Love Hurts* die Möglichkeit zu wachsen. Es schärft die Selbstreflexion. Dein Ich wird gestärkt und du übernimmst die Verantwortung für das eigene Glück. Und irgendwann hältst du inne und spürst: Der Kummer verzieht sich mehr und mehr.

Du bist bei dir.

Und du bist gewappnet – für neue wundervolle Liebesabenteuer.

INHALTSVERZEICHNIS

*Du fällst und fällst. Du möchtest schreien, doch
aus deinem Mund kommt kein Ton. Es ist aus.
Eben noch auf Wolke 7 – Liebe, Schwerelosigkeit
und Glück. Und boom! Plötzlich im freien Fall.*

Liebeskummer. Liebe und Kummer. Diese zwei sind ein
Paar und gehören untrennbar zusammen. Das eine gibt
es nicht ohne das andere. Vielleicht am Anfang, wenn die
Liebe sich so herrlich duftig leicht anfühlt und nach Zu-
ckerwatte schmeckt. Aber irgendwann kommt der erste
kleine Stich – ein Streit oder ein bisschen Eifersucht –,
und dann spürst du, wie sehr du dem anderen dein Herz
geöffnet hast. Du bist verwundbar. Ab jetzt ist der Kummer immer leise mit dabei. Shit.

Liebeskummer. Das Wort selbst kommt fast harmlos daher. Dabei hat kaum etwas so eine zerstörerische Kraft.
Eine Atombombe für die Seele. Liebeskummer kann deine Freude, deinen Antrieb und manchmal sogar deinen
Lebenswillen brechen. Denn du warst bereit, alles zu
geben, und hast es vielleicht auch getan, und dann hat
deine große Liebe das weggeworfen, einfach so.

*Zuerst spürst du nichts, bist wie gelähmt, fassungs-
los. Dann kommen die Höllenschmerzen. Es ist,
als explodiere dein Herz. In dir toben alle Gefühle*

gleichzeitig. Unglaube, Trauer, Wut, und dann ist
da auch noch die Liebe, die trotzig bleibt, wo sie
ist. Das alles passt nicht zusammen. Nach außen
Schockstarre und in dir der Sturm.

Es zerreißt dich.

Liebeskummer. Das Wort bedeutet auch Neuanfang. Nichts ist danach wie vorher. Diese Erfahrung macht etwas mit dir. Ob du willst oder nicht. Dass darin viel Gutes liegt – daran kannst du jetzt noch nicht glauben, doch es ist so. Dein Herz wird Narben davontragen, aber heilen. Und du wirst wieder Liebe spüren. Versprochen.

ENDE

»Liebe ist eine wundervolle
Sucht, wenn alles gut läuft,
und eine grauenvolle Sucht,
wenn es schiefläuft.«

Helen Fisher

———

Das mit uns geht nicht mehr. Es ist aus. Du schaust auf den Bildschirm deines Handys. Die Buchstaben verschwimmen. *What?* Wo gestern noch Herz-Emojis verschickt wurden, siehst du nur das Wort

aus
aus
aus.

Du rufst an, wirst weggedrückt. Und noch mal. Und noch mal. Du schreibst, doch auf deine Nachrichten folgt nur: Stille.

Du bist wie betäubt. Fühlst dich wie unter Wasser. Geräusche dringen nicht mehr an dein Ohr. Du nimmst deine Umwelt nur noch verzerrt wahr. Die Luft wird knapp. Was passiert hier gerade? Du wankst in dein Zimmer, schließt die Tür und lässt dich auf dein Bett fallen. Du gehst im Kopf euer letztes Treffen durch, euer letztes Gespräch. Wort für Wort. Keine Andeutung, nichts. *Und hey, wir hatten doch noch Sex!*

Du nimmst dein Handy und betrachtest eure Fotos. Hier küsst ihr euch und hier wart ihr zusammen schwimmen am See an diesem heißen Sommertag. Dein Bauch krampft. Wo gerade noch Schmetterlinge Party machten, tobt plötzlich ein Krieg. Tränen. Du begreifst gar nichts mehr. *Das kann doch nicht wahr sein!*

Aber es ist wahr. Es ist zu Ende.

Die nächsten Stunden und Tage erlebst du wie im Traum. Ein Albtraum. Alle Versuche, mit der Ex-Liebe Kontakt aufzunehmen, scheitern. Du wirst geblockt. Ablehnung auf allen Ebenen. Du kommst nicht klar. Ziehst dich mehr und mehr zurück. Essen, aufstehen, duschen – wozu? Du willst nicht mehr in Erscheinung treten. Du möchtest dich auflösen, die Hülle verlassen. *Davonschweben.* Deine Familie nervt. Quatscht auf dich ein. Die verstehen gar nichts. *Lasst mich doch alle in Ruhe!*

Es geht dir nicht gut. Die Grübelei lässt sich nicht stoppen, fährt in deinem Kopf Achterbahn, macht schwindelig und Angst. Klare Gedanken sind abgetaucht in ungeahnte Tiefen. Stiche im Herzen. Alles tut weh.

Nach einer Trennung schmerzt nicht nur die Seele, sondern auch der Körper. Und das ist keine Einbildung. Wissenschaftlerinnen haben herausgefunden, dass dieser Schmerz tatsächlich echt ist. Warum diese Information wichtig ist? Weil der ganze Mist so greifbarer wird. Wenn du verstehst, was in deinem Körper passiert, hilft das enorm. Wer weiß, was da genau abläuft, der kann das zumindest schon mal einordnen. Der weiß: Ich bin nicht allein. Denn wenn der Körper im Allgemeinen so tickt, dann geht es ja allen anderen auch so. Mehr oder weniger. Ein kleiner Trost, aber man nimmt, was man kriegen kann.

Doch es gibt noch einen wichtigen Grund, an dieser Stelle die Wissenschaft mit ins Spiel zu bringen: Dein Körper schmerzt nicht nur, er macht jetzt auch Sachen, die er sonst nicht macht. Dein Körper ist in diesem Zustand ein echtes Arschloch. Er lügt, er betrügt, er macht dir Dinge vor, die es nicht gibt. Besser, du weißt das.

Eine, die Licht in diese dunklen Abgründe bringt, ist die Wissenschaftlerin **Helen Fisher**. Sie ist so etwas wie ein Superstar der Liebe. Sie hat sich darauf spezialisiert, Gefühle bei Liebeskummer nachzuweisen. Wie? Sie schaut ins Gehirn. Sie macht Gehirnscans von Menschen, die sich gerade getrennt haben.

Frau Fisher, wie haben Sie herausgefunden, dass der Schmerz, den wir bei Liebeskummer fühlen, echt ist?

Wir haben Aktivität in einer Region des Gehirns nachgewiesen, die auch bei Zahnschmerzen aktiv ist. Und das hat mich wirklich überrascht. Der Unterschied zwischen Zahnschmerzen und Liebeskummer ist bloß: Du gehst zum Zahnarzt und der Schmerz ist weg. Und du vergisst ihn. Aber der Schmerz, den du bei Zurückweisung spürst, an den können sich Menschen über Monate, wenn nicht sogar Jahre erinnern. Es ist ein körperlicher und extrem mächtiger Schmerz. Und bei alldem spürst du immer noch die Liebe, fühlst dich immer noch verbunden. Hinzu kommen Gefühle wie Verzweiflung und Angst, die wir ebenfalls feststellen konnten.

Warum reagiert der Körper so heftig?

Das Suchtzentrum wird aktiviert. Und das ist verantwortlich für alle Suchtstoffe: Heroin, Kokain, Alkohol,
Spielsucht – alle Süchte sind in dieser Hirnregion an-
gesiedelt. Romantische Liebe ist viel stärker als der Sex-
trieb. Frag mal jemanden, ob er mit dir schlafen möchte, und der andere sagt: Nein danke. Dann bringt dich
das ja nicht gleich um. Aber Zurückweisung in der Liebe
verursacht ernsthafte Probleme. Menschen bekommen
Depressionen, beginnen andere zu stalken oder werden
gewalttätig. Sie bringen sich um oder jemand anders.
Es ist ein wirklich mächtiges System, das da im Gehirn
aktiviert ist. Menschen vergessen nicht, wer mit ihnen
Schluss gemacht hat.

Was können wir denn tun, damit es uns besser geht?

Nicht schreiben, nicht anrufen, nicht vorbeikommen,
Liebesandenken wegschmeißen. Wie ein Alkoholiker, der
alle Schnapsflaschen entsorgt, wenn er trocken werden
will, musst du die schmerzhaften Erinnerungen loswerden. Geh lieber raus und unternimm was. Mach Sport,
das sorgt für die Ausschüttung der Glückshormone Dopamin und Endorphin. Und Endorphine sind auch super
Schmerzblocker.

Was sollten wir auf keinen Fall tun?

Es lohnt sich, verstehen zu wollen, was passiert ist. Da
ist eine Gehirnregion, die aktiv wird, wenn mit jemandem Schluss gemacht wurde. Diese Region wird in Ver-

bindung gebracht mit dem Abwägen von Gewinn und Verlust. Es ist zu Beginn dieser Erfahrung nützlich zu wissen, was passiert ist, und es zu verstehen, damit man daraus lernen kann. Aber nach einer Weile sollte man mit der Grübelei wirklich aufhören. Da hat jemand in deinem Gehirn ein Zelt aufgeschlagen und macht es sich dort gemütlich. Du musst ihn rausschmeißen.

Leiden junge Menschen anders als ältere?

Nein. Wir sind alle gleich. Das Gehirnsystem, das mit der romantischen Liebe in Verbindung gebracht wird, ist vergleichbar mit dem Angstzentrum. Man hat Angst mit 14, mit 24, 34 oder 94 Jahren. Genauso kann man in jedem Alter lieben und in jedem Alter Zurückweisung erfahren und alle diese Gefühle spüren. Es gibt allerdings einen Unterschied: Je älter man wird, desto mehr Erfahrungen hat man im Umgang mit Schmerz. Ich glaube, der Schmerz ist exakt der gleiche, aber die Jüngeren sind viel zerbrechlicher im Umgang mit diesem Schmerz.

Warum hat die Natur diese mächtige Reaktion beim Verlust einer Liebe eingerichtet?

Nun ja, man verliert einen möglichen Partner oder eine Partnerin, um seine Gene in die Zukunft zu schicken – sprich, um sich fortzupflanzen. Du wirst zu einer genetischen Sackgasse. Und wer schon Nachwuchs hat, verliert einen Partner oder eine Partnerin, um die Kinder aufzuziehen. Und das gefährdet ihr Überleben und die Weitergabe deiner Genetik.

Gibt es bei all dem Schmerz wenigstens eine Lernkurve?

Man hört so viel über posttraumatischen Stress, aber niemand spricht über posttraumatisches Wachsen oder Lernen. Und unterm Strich ist es doch so: Junge Menschen werden schmerzliche Liebeserfahrungen haben, sie werden leiden und dann lernen sie daraus. Und das ist sehr wertvoll. Wenn wir älter werden, lernen wir uns besser kennen, finden heraus, was wir tolerieren können und was nicht. Liebeskummer ist nicht nur eine schlimme Sache, er ist eine wertvolle Lektion.

_____

Die Amerikanerin Helen Fisher gehört zu den weltweit anerkanntesten Wissenschaftlerinnen auf dem Gebiet der Liebe. Als Anthropologin hat sie in vielen Kulturen geforscht und zahlreiche Bücher zu dem Thema herausgebracht (»Anatomy of Love«). Für ihre Arbeit wurde sie vielfach ausgezeichnet. 1998 begann sie mit dem Projekt, Gehirnscans von Verliebten und frisch getrennten Menschen aufzunehmen, die sie zusammen mit der Neurowissenschaftlerin Lucy Brown auswertete. Seit 2005 untersucht Helen Fisher Menschen mit Liebeskummer.

_____

Nun weißt du, warum es dir so beschissen geht. Warum du nicht mehr aufhören kannst, an deine/n Ex zu denken. Die Liebe ist noch da. Du fühlst dich verbunden, bist es aber nicht. Deine große Liebe wurde amputiert und das hier ist der Phantomschmerz. Alles, was du jetzt willst, ist, die Uhr zurückzudrehen. Zu eurem letzten guten Moment, der sich so großartig, so innig und so richtig anfühlte. *Noch einmal dieses Gefühl spüren. Noch einmal diesen Geruch inhalieren. Noch einmal ganz nah sein.*

Aber Vorsicht! Das ist die Sucht, die wie ein kleiner Teufel in dein Ohr flüstert. Dein Suchtzentrum gibt Befehle, die nicht gut für dich sind. Deswegen machen unglücklich Liebende auch dumme Sachen. Sie rufen nachts betrunken an, wenn die Sehnsucht zu groß wird, oder fangen an, ihre/n Ex im Netz zu stalken. Schau dir das Wort »Sehnsucht« mal genau an: Da steckt auch die Sucht drin. Dein/e Ex hat deutlich gemacht, dass eure Beziehung zu Ende ist. Es wurde ausgesprochen oder geschrieben oder, ganz schlimm, da meldet sich einfach gar keiner mehr am anderen Ende. Du sitzt da jetzt allein und bist so richtig fies auf Entzug.

Nicht nur nach einer Trennung sind wir von Liebeskummer erschüttert. Du kannst auch den schlimmsten Schmerz empfinden, wenn du zum Beispiel unglücklich verliebt bist.

Vielleicht bist du es ganz heimlich, weil es eine verbotene Liebe ist: Du liebst den Freund deiner besten

Freundin oder du kannst nicht aufhören, an die Freundin deines Bruders zu denken?

Vielleicht bist du aber auch krass zurückgewiesen worden. Der andere will dich nicht. Das ist hart. Das Schlimmste: Das Objekt deiner Begierde will trotzdem nicht aus deinem Kopf!

Da hilft nur eines: Entzug! Es ist also eigentlich genauso wie beim Liebeskummer nach einer Trennung. Du musst diesen Menschen aus deinen Gedanken werfen, mit aller Macht. Hör auf, davon zu fantasieren, mit dieser Person bei Sonnenuntergang am Strand zu liegen! Nur so kommst du von dieser Droge los.

WISSEN FÜR NERDS:
NICHT DAS HERZ, DAS GEHIRN IST SCHULD!

Bei den Untersuchungen von Helen Fisher werden Stoffwechselprozesse im Gehirn sichtbar gemacht. Dabei sieht man, was im Gehirn vor sich geht, wenn die Probanden beispielsweise Bilder von ihrem Ex-Lover betrachten. Also in welcher Region gerade Aktivität ist und wo nicht. Die Methode nennt man funktionelle Magnetresonanztomografie (fMRT). Helen Fisher und die Neurowissenschaftlerin Lucy Brown haben nachgewiesen, dass bei Verliebten tief im Reptiliengehirn Aktivität ist. Ein Teil dieser aktiven Region ist das ventrale tegmentale Areal (VTA). Im VTA wird ein Großteil des Glückshormons Dopamin generiert, und das spielt eine zentrale Rolle im Belohnungssystem des Gehirns. Es springt immer dann an, wenn wir etwas

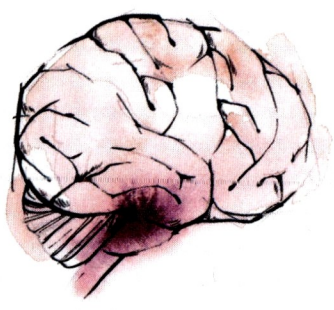

wirklich wollen, zum Beispiel Wasser oder Süßigkeiten. Es registriert: Das war gut, das will ich noch mal! Die neuro-chemischen Wege des VTA werden auch stimuliert, wenn wir Drogen konsumieren oder wenn wir lieben. Es ist das Zentrum aller Süchte.[1] Und damit auch die Ursache für so richtig viel Scheiße, die wir bei Liebeskummer bauen. Denn wenn wir an unsere Ex-Liebe denken, wird das Be-lohnungssystem aktiviert. Es fordert die Droge, in diesem Fall den Ex-Partner oder die Ex-Partnerin. Und deshalb schreiben wir peinliche Sehnsuchts-Nachrichten oder schlafen im alten T-Shirt unserer Ex-Liebe, weil der Ge-ruch uns Nähe vorgaukelt. Wir sind auf Cold Turkey – auf Entzug. Wir sind ein Junkie der Liebe.

——————

So, Zeit für eine kurze Bestandsaufnahme. Was wissen wir? Uns geht es schlecht. Wir sind auf Entzug, wir haben Schmerzen und Angst. Wir fühlen uns gedemütigt und doch haben wir Sehnsucht nach dem/der Ex. Großes Chaos. Alle sagen, die Zeit heilt alle Wunden –, aber die Zeit vergeht nicht. Horrorfilm in Zeitlupe.

ERSTE HILFE! SO RETTEST DU DICH ÜBER DIE ERSTE ZEIT

LIEBER ZU HAUSE BLEIBEN

Du erträgst den Gedanken nicht, deiner Ex-Liebe über den Weg zu laufen? Dann nimm dir eine Auszeit und bleibe ein paar Tage zu Hause. Verkrümel dich, kuschele dich ein. Pass nur auf, dass du dich nicht wochenlang von Freunden und Familie abkapselst. Kannst du nicht zu Hause bleiben, dann meide die Orte, an denen du ihm/ihr begegnen könntest. Oder bitte einen Freund/eine Freundin, die erste Zeit an deiner Seite zu bleiben – so musst du deiner Ex-Liebe nicht allein begegnen.

LASS DICH FALLEN

Dir geht es hundeelend? Auch wenn es wehtut: Nimm den Schmerz wahr. Drück ihn nicht weg. Versuche, ihn auszuhalten und durchzustehen. Heule Taschentücherboxen leer oder schreie den Schmerz heraus. Je besser es dir gelingt, alles aus deinem System zu spülen, desto schneller kommst du da durch. Deine Beziehung ist zu Ende und du darfst dich schlecht fühlen. Erlaube dir das und sei dabei achtsam mit dir.

LÖSCH ALLES

Du scrollst immer nur dein Smartphone durch, schaust Fotos und liest alte Nachrichten? Nicht gut. Am besten alles löschen. Oder bitte jemanden, dein Handy Ex-frei zu machen (geht auch per App). Und lass die Finger von Insta und Co. Auch wenn es schwerfällt. Zu sehen, wie sich die Ex-Liebe amüsiert, bringt nur noch mehr Schmerz.

LASS DICH TRÖSTEN

Die Familie will helfen. Dabei nervt sie leider oft total. Gib deinem Umfeld aber trotzdem die Chance, dich zu trösten. Das tut gut, du wirst sehen. Vielleicht darf dein Vater deine Lieblingspasta vorbeibringen oder deine Schwester besorgt dir eine Riesenpackung Eis? Vielleicht besuchst du die Oldies oder deine Geschwister und lässt dich ein bisschen aufpäppeln. Einmal kurz anlegen im Heimathafen, um die wunde Seele verarzten zu lassen. Mit guten Freundinnen und Freunden klappt das ebenfalls wunderbar.

Du bist ganz allein und weißt gar nicht, wohin mit deinem Schmerz? Dafür gibt es die *Nummer gegen Kummer* (kostenlos): *116111*. Weitere Anlaufstellen findest du auf S. 46.

TAGEBUCH – DER ORT FÜR MORDGELÜSTE!

Eine weitere Möglichkeit, den Schmerz zu lindern und die Horrorgefühle ein bisschen besser in den Griff zu bekommen, ist ein Tagebuch. Hier ist Platz für Dinge, die niemand weiß. Hier kannst du Sätze sagen, die du sonst niemals aussprechen könntest. Oder von Taten träumen, die du nie tun würdest. Es ist ein geheimer Ort, der nur dir ganz allein gehört. Hier kannst du deine Ex-Liebe killen, nur einmal ganz kurz in der größten Wut, dann fliegt der schwarze Gedanke auch schon wieder raus aus deinem Herzen. Wer Tagebuch führt – und sei es bloß für diese extreme Ausnahmesituation –, der hat nicht nur ein Ventil für Schmerz, Wut und Verzweiflung, der kann auch beobachten, wie Gedanken anfangen, sich zu ordnen. Der erkennt vielleicht ein bisschen schneller, was da schiefgelaufen ist, und eventuell auch, ob Hilfe von außen hinzugeholt werden muss. Weil du eventuell beim Durchlesen deiner Gedanken merkst, wie düster das alles klingt.

Egal, welche Erkenntnis dir dein Tagebuch schenkt, es bringt dich voran. Auch wenn Erinnerungen, die beim Schreiben hochkommen, noch mal Schmerzen verursachen. Aber: Du bist jetzt auf dem Weg, Licht und Ordnung in die Gedankenrumpelkammer zu bringen. Der Müll fliegt raus – die Heilung kann beginnen.

Tagebuch schreiben ist nicht dein Ding? Wenn du zu den Schreibunwilligen gehörst, hast du die Möglichkeit, dein Befinden mit anderen Mitteln zu analysieren. Wie mit diesem Check-up auf den nächsten Seiten. Gehe einfach die 12 Fragen durch und beschreibe mit ein paar Stichworten, wie du dich fühlst. Am Ende des Buches auf Seite 130 kannst du die Fragen noch einmal beantworten. Es ist dann vielleicht ein bisschen Zeit vergangen. Schau mal, wie sehr sich deine Stimmung gebessert hat. Ist sie immer noch unterirdisch, ist das auch eine wichtige Erkenntnis. Dann brauchst du vielleicht noch etwas mehr Abstand oder jemanden, der dir aus der Traurigkeit heraushilft. Und übrigens dürfen natürlich auch die Tagebuchbegeisterten mitmachen.

SEELEN-CHECK-UP – DER QUICKIE

WIE GEHT ES DIR?

....

....

....

....

....

WANN HAST DU DAS LETZTE MAL MIT
DEINER EX-LIEBE GESPROCHEN UND
WIE HAST DU DICH DABEI GEFÜHLT?

....

....

....

....

IN WELCHEN SITUATIONEN MUSST DU AN DEINE EX-LIEBE DENKEN?

....

....

....

....

....

....

AUF EINER SKALA VON 1 (NIEDRIG) BIS 10 (EXTREM) – WIE HOCH BEWERTEST DU DEN SCHMERZ, DEN DU JETZT VERSPÜRST, WENN DU AN DEINE EX-LIEBE DENKST?

① ● ● ● ● ● ● ● ● ⑩

IN PROZENT, WIE GROSS WAR DEIN ANTEIL AN DER TRENNUNG?

....

WAS LIEF DEINER MEINUNG NACH ALLES GUT IN DER BEZIEHUNG?

....

....

....

....

WAS LIEF NICHT SO GUT?

....

....

....

....

WAS HAST DU AN DEINER EX-LIEBE GELIEBT?

....

....

....

WAS HAT DICH GESTÖRT?

....

....

....

WIE SEHR WÜNSCHST DU DIR, DASS IHR WIEDER ZUSAMMEN-KOMMT?

① ● ● ● ● ● ● ● ● ⑩

WANN HAST DU DAS LETZTE MAL GELACHT?

....

WEISST DU NOCH, WARUM?

....

....

....

....

LIEBESKUMMER GAB'S SCHON IM MITTELALTER!

»Amor hereos«, so nannte man im Mittelalter die Liebeskrankheit, die bei unerfüllter oder nicht erwiderter Liebe ausbrach. Von Petrus Hispanus, der im 13. Jahrhundert Philosophie und Medizin studierte, sollen die Worte stammen: »Liebe ist eine Geisteskrankheit, aufgrund derer der Lebenshauch ins Leere schweift, wobei sich häufig Freude mit Schmerzen mischen ... Die Zeichen dieses Leidens sind depressive Gedanken, ein gelbes Gesicht, unbegründete Traurigkeit, tiefliegende, unstete Augen, tiefe Seufzer ...« (Zit. bei P. Dinzelbacher).[2]

Behandelt wurde die Liebeskrankheit übrigens mit Ablenkung, Aderlass oder Exorzismus. Die beiden Letzteren sind heute kein Thema mehr, aber das mit der Ablenkung, das empfehlen Experten noch heute, über 800 Jahre später. Verrückt, oder?

Wenn du nun zurückblickst, kannst du immer noch die Wärme und Geborgenheit spüren, die deine Beziehung dir geschenkt hat. Wie ein Abdruck auf deiner Haut. Schaust du nach vorn, sind da nur Trauer, Kälte und Einsamkeit. Der Weg zurück scheint viel verlockender. Na super, da sind sie wieder, diese nagenden Gedanken: *Vielleicht haben wir noch eine Chance? Wieso denn nicht? Einen Versuch ist es doch wert?* Sofort spürst du den Trost, den diese Gedanken spenden. Den kleinen Teufel, der auf deiner Schulter sitzt und dir die Worte mit einem hämischen Grinsen ins Ohr flüstert, den hast du zwar bemerkt, aber du kannst nicht anders: Du ignorierst ihn und alles, was du weißt. Du ignorierst deinen Verstand und deinen Instinkt, die dich innerlich in ungewohnter Einigkeit anbrüllen:

LASS ES SEIN!!!

Doch es hat alles keinen Zweck. *Du willst um deine Liebe kämpfen!*

ZUSAMMENBRUCH

Triggerwarnung: Depression, Suizidgedanken

Es gibt Menschen, die gehen bei Liebeskummer zu Boden wie ein Boxer beim K. o.. Fühlst du dich ähnlich ausgeknockt? Dann lies gerne weiter. Wenn du zwar traurig, aber einigermaßen okay bist, kannst du deine Reise auf Seite 49 fortsetzen.

Wie lange liege ich schon im Bett?
Welcher Wochentag ist heute?
Was ist passiert?

Tränen wollen nicht mehr fließen. Ausgeweint. Kein Tropfen mehr übrig. Und da, wo einst die Tränen wohnten, ist jetzt nur noch mehr Raum für Trauer. In jeder Pore deines Körpers: Trauer. Überall nur: Trauer.

Du bist kraftlos und so, so müde. Obwohl du viel schläfst. Aber es ist kein guter Schlaf, nur so ein unruhiges Dämmern. Nichts Gesundes, was Erholung bringen könnte.

Du fühlst dich gefangen in einem Paralleluniversum. Du bist wie in einer Blase, die du nicht durchdringen kannst, oder besser: nicht durchdringen willst. Zeit und Raum spielen darin keine Rolle. Alles egal. Benutztes Geschirr stapelt sich und macht der dreckigen Wäsche auf dem Boden Konkurrenz.

Die anderen versuchen, dich zum Aufstehen zu bewegen. Du ahnst, dass es gut wäre. Du verstehst die Theorie, aber es geht nicht. Allein deinen Arm anzuheben bedeutet schon eine unvorstellbare Kraftanstrengung. »Begreift ihr nicht? Es ist unmöglich!«, schreist du stumm. Wachkoma. Du fühlst dich unendlich einsam und willst trotzdem niemanden sehen.

Wenn du dich ein paar Tage in einem solchen Zustand befindest, ist es schlimm, ein fieses Tal, das du durchwanderst. Aber du packst das. Schritt für Schritt, ganz langsam geht es wieder raus aus der Hölle. Fang mit Kleinigkeiten an wie Zähneputzen und Duschen. Und wenn du dich wieder frischer fühlst, dann nimm dir einen großen Müllsack und räum auf. Schmeiß den ganzen Krempel von deinem/deiner Ex weg. Das befreit. Und vielleicht rufst du dann jemand Liebes an und machst ein bisschen Small Talk. Nicht die großen Themen, nur ein paar Sätze. Ein vorsichtiger Versuch, zurückzukommen. Jeden Tag ein bisschen mehr ...

DAUERTIEF

Sollte dieser Zustand Wochen oder sogar Monate anhalten, könnte es sein, dass es sich um Symptome handelt, die auf eine Depression, eine Anpassungsstörung oder eine andere psychische Krankheit hinweisen. Wenn du dich in diesen Zeilen wiederfindest, dann lass dir helfen. Von deiner Familie oder Freundinnen und Freunden. Sie können dich auch dabei unterstützen, professionelle Hilfe zu finden. Solltest du niemanden haben, wende dich an eine der Anlaufstellen auf Seite 46. Denn allein aus dieser Dunkelheit wieder herauszufinden ist nicht leicht. Die finsteren Gedanken holen dich ein und deine Energie lässt dich mehr und mehr im Stich. Und wenn die Aura deines Herzens sich ganz verdunkelt, kommt vielleicht auch mal der Gedanke: Ich mag nicht mehr.

Dass es dir jetzt so extrem schlecht geht – das kann viele Ursachen haben. Da spielt der Liebeskummer eventuell nur die Rolle des Auslösers. Aber: Es gibt Hilfe. Du musst das nicht allein durchstehen. Manchmal helfen Gespräche in einer Psychotherapie, manchmal braucht es darüber hinaus auch Medikamente, die wieder ein inneres Gleichgewicht herstellen können. Es gibt viele Wege, die aus der Dunkelheit ans Licht führen. Lass dich beraten. Von deinem Hausarzt bzw. deiner Hausärztin oder ganz anonym im Netz.

Eventuell steht dir dafür nicht nur die Angst im Weg, sondern auch die Scham. Muss es nicht. Echt nicht. Denn laut Weltgesundheitsorganisation erkrankt rund ein Drittel der Menschen einmal im Leben an der Seele. Viele kennen also deinen Zustand. Du bist nicht allein.

WICHTIG:

Wenn es dir richtig mies geht oder du sogar suizidale Gedanken hat, solltest du unbedingt auf Alkohol und Drogen verzichten. Denn sie können wie ein negativer Gefühlsverstärker wirken und Hemmschwellen heruntersetzen, aber keine Probleme lösen.

WIE MACHT MAN THERAPIE?

Wenn Verzweiflung, Schmerz und Hoffnungslosigkeit nicht besser werden, kann professionelle Unterstützung helfen. Eine der Möglichkeiten ist eine Therapie. Da geht man einmal oder mehrmals die Woche hin zum Gespräch. Wer über 15 Jahre alt und gesetzlich versichert ist, kann sich direkt (und ohne Eltern) an eine Psychotherapeutin oder einen Psychotherapeuten mit Kassenzulassung wenden. Für das Erstgespräch wird keine Überweisung benötigt, nur die Krankenkassenkarte. Bei Privatversicherten müssen die Eltern die Kostenübernahme bei der Versicherung beantragen.

Einen Therapeuten oder eine Therapeutin findest du im Internet. Wer auf den Seiten der Psychotherapeutenkammern seine Postleitzahl eingibt, bekommt therapeutische Praxen in seiner Nähe genannt. Dort kannst du dich nach freien Plätzen erkundigen. Auch der Hausarzt/die Hausärztin kann helfen und vielleicht jemanden empfehlen.

Und so läuft es ab: Bei dem ersten Gesprächstermin lernt ihr euch kennen und dein Anliegen wird besprochen. Wichtig für dich: Du musst dich wohlfühlen, schließlich geht es darum, dich zu öffnen und jemandem von deinen Ängsten und von deinem Schmerz zu erzählen. Um herauszufinden, ob die Chemie stimmt, hast du mehrere Sitzungen Zeit. Du kannst auch verschiedene Therapeuten oder Therapeutinnen ausprobieren. Fühlst du dich wohl, stellt die Psychotherapeutin oder der Psychotherapeut einen Antrag bei der Krankenkasse.

Zusätzlich braucht es noch einen Besuch beim Hausarzt / bei einer Hausärztin, um körperliche Ursachen auszuschließen (zum Beispiel eine Schilddrüsenerkrankung, die für Müdigkeit / Erschöpfung verantwortlich sein könnte).

Wird der Antrag von den Krankenkassen genehmigt, kann die Behandlung beginnen.

Leider dauert die Suche nach einem Therapieplatz manchmal etwas länger, oft gibt es Wartelisten oder es braucht ein bisschen, jemanden zu finden, dem man sich anvertrauen mag. Lass dich nicht entmutigen. Übrigens: Auch bei Jugendlichen gilt die ärztliche Schweigepflicht. Nur mit deiner Zustimmung dürfen vertrauliche Informationen an Dritte, zum Beispiel deine Eltern, weitergegeben werden.[3]

Es besteht auch die Möglichkeit, in eine Klinik zu gehen. Da gibt es unterschiedliche Programme, die über mehrere Wochen oder auch länger laufen und vom Austausch mit anderen Betroffenen leben, zum Beispiel in Form von Gruppentherapien. Entweder du gehst dort ambulant hin, das heißt, du kehrst nach deinen Sitzungen wieder nach Hause zurück, oder du bleibst über Nacht in der Klinik. Sprich deinen Hausarzt oder deine Hausärztin an, er/sie wird dir die Möglichkeiten genau erklären und kann dir helfen, den richtigen Weg und die beste Klinik für dich zu finden.

SUIZIDGEDANKEN

Manchmal, wenn alles über einem zusammenbricht und man die Hoffnung aufgegeben hat, dass es wieder besser werden kann, kommen Suizidgedanken wie Parasiten angekrochen und nisten sich ein. Du weißt zwar theoretisch, was zu tun wäre, um sie zu vertreiben, aber du schaffst es nicht. Keine Kraft mehr. Und obwohl da vielleicht führsorgliche Menschen um dich sind, die dir helfen wollen – du magst einfach nicht mehr leben. Du denkst eventuell Dinge wie: *Ich will den anderen nicht länger zur Last fallen* oder *Sie wünschen sich so sehr, dass ich wieder fröhlich bin, aber ich bin nur noch eine große Enttäuschung, weil ich alle mit runterziehe. Am besten, ich wäre nicht mehr da. Am liebsten würde ich mich einfach in Luft auflösen.*

Bitte vertraue dich sofort jemandem an, wenn diese Gedanken auftauchen. Professionelle Hilfe ist in diesem Fall ebenfalls dringend ratsam. Du hast keine Vertrauensperson, die dir bei der Suche nach Unterstützung zur Seite stehen kann, oder magst mit niemandem sprechen, den du kennst? Dann rufe eine der Nummern auf S. 46 an oder melde dich per Chat. Die Nummern sind kostenlos und du kannst anonym bleiben.

Im akuten Notfall wählst du die **112** oder du begibst dich allein oder in Begleitung in die **Notaufnahme** eines Krankenhauses. Solltest du dir unsicher sein, wie dringend dein Anliegen ist, kannst du auch die **116 117** wählen.

www.nummergegenkummer.de
11 6 111 oder **0800/111 0 333**
Sofortige Hilfe per Telefon oder
E-Mail
(Mo bis Sa: 14 bis 20 Uhr –
samstags beraten Jugendliche).

Für Eltern gibt es ebenfalls eine
Nummer gegen Kummer:
0800/1110550
(Mo bis Fr: 9 bis 17 Uhr,
Di und Do: bis 19 Uhr)

www.telefonseelsorge.de
0800/111 0 111 oder
0800/111 0 222
Rund um die Uhr Soforthilfe per
Mail-, Chat- oder Telefonberatung.
Diese Nummer erscheint auf keinem
Einzelverbindungsnachweis.

www.youth-life-line.de
Online-Beratung in akuten Krisen
und bei Suizidgefährdung.

www.jugendnotmail.de
Austausch in Themenchats oder
Einzel-Online-Beratung.

www.deutsche-depressionshilfe.de
0800/33 44 533
Hilfe und Informationen zur
Erkrankung Depression.

www.u25-deutschland.de
Mailberatung von ausgebildeten
Gleichaltrigen und Informationen
zu verschiedenen Themen sowie
Standorte in zehn deutschen
Städten.

116 117
Der ärztliche Bereitschaftsdienst
ist für Patienten und Patientinnen
da, die außerhalb der regulären
Sprechzeiten dringend ärztliche
Hilfe brauchen.

www.rataufdraht.at
147
Soforthilfe per Telefon- oder
Chatberatung in Österreich sowie
umfassende Informationen zu
Problemen im Alltag.

www.147.ch/de
147
Rund um die Uhr Soforthilfe in
der Schweiz per Mail-, Chat- oder
Telefonberatung.

VER-
ZWEIF-
LUNG

»Aufgewärmt schmeckt nur Gulasch.«

Pia Kabitzsch

Nein, nein, nein, so war das nicht geplant. So sollte es nicht laufen. Du standst einfach da, vor der Tür deiner Ex-Liebe. Verlegen, beschämt, verzweifelt. Und all die guten Worte, die du dir zurechtgelegt hattest, sind nicht rausgerutscht aus deiner Kehle – haben sich verweigert. Und dein/e Ex? Hat dich bloß angeschaut, ungeduldig.

»Was willst du denn noch?«

»Ich will dich!«

Kopfschütteln. Mitleid im Blick.

»Komm, lass gut sein. Ich muss zurück, die anderen warten.«

Und da hat sie dich angefallen, die Wut. Wie ein wildes Tier. Und du hast losgebrüllt: *»Die anderen? ICH will eine Erklärung! Das bist du mir schuldig!«*

Die Antwort: Schweigen.

»Dann hau doch ab zu den anderen!«

Du hast noch mehr gebrüllt, aber was genau, daran kannst du dich nicht erinnern. Filmriss. Wie ein Tornado hast du alles plattgemacht mit deinen Worten. Bis dein/e Ex geflüchtet ist und die Tür zuknallte. Erst als der Regen einsetzte, bist du wie aus einer Trance erwacht und nach Hause geschlichen.

Und jetzt liegst du wieder in deinem Bett. *So sollte es nicht laufen. So war es nicht geplant.*

Du wolltest doch nur diese Stimme hören, diese liebevolle Stimme. Nicht die mit der Gereiztheit. Die mit der Wärme. Du wolltest, dass deine große Liebe dich in die Arme nimmt und sagt, alles wird wieder gut. Wieso begreift er/sie denn nicht, dass das alles ein riesiger Fehler ist? In deinem Kopf läuft eine oscarreife Version eurer Versöhnung. Du träumst. Doch die Farben stimmen nicht. Du weißt, dein Auftritt war nicht gut. Du hast alles nur noch schlimmer gemacht. Jetzt hasst er/sie dich nur noch mehr. *Oder? Vielleicht solltest du noch mal anrufen? Am Telefon findest du bestimmt die richtigen Worte. Ja, genau.*

Dass du in diesem Moment immer noch nicht klar denken kannst, dürfte offensichtlich sein. So oder so ähnlich haben wir uns wohl alle schon mal so richtig zum Horst gemacht. Das Schlimme: Für viele ist so ein Fall noch nicht tief genug. Da geht noch was in Sachen Erniedrigung.

Da können sich deine Freundinnen und Freunde den Mund fusselig reden – nein, du willst ihre guten Ratschläge nicht hören. Nur du kennst deine/n Ex, nur du hast den Überblick, nur du kannst die Situation richtig einschätzen.

Gar nichts kannst du.

Du bist ein Junkie auf Entzug. Um deine Droge zu bekommen, würdest du alles tun. Alles. Auch dich so richtig demütigen lassen und dir von deiner Ex-Liebe eine Packung nach der anderen abholen.

In dieser Phase blitzt die Wut auf den/die Ex zwar manchmal auf, aber die Liebe hat immer noch die Oberhand. Und das ist in diesem Fall nicht gut. Die Liebe soll sich verpissen! Fuck off! Sie ist die Droge, von ihr musst du weg. Aber wie, verdammt? Zeit, mal mit jemandem zu sprechen, der sich mit der menschlichen Psyche richtig gut auskennt. Wie **Pia Kabitzsch**. Sie ist Psychologin und hostet auf YouTube das Format *psychologeek*.

Wieso wollen wir oft das Ende der Beziehung nicht wahrhaben?

So ein Verhalten ist ganz normal, es ist eine Reaktion unserer Psyche. Eine Theorie von dem Psychologie-Professor Arthur Aron, der superviel zum Thema Beziehung forscht, ist folgende: Wenn man mit jemandem zusammen ist, dann nimmt man sich nicht mehr als nur sich selbst wahr, sondern als »Überlappung« mit dem Partner bzw. der Partnerin. Wenn es dann zu einer Trennung kommt, dann verliert man quasi einen Teil von sich selbst, und das will man natürlich nicht. Deswegen möchte man häufig erst mal an der Beziehung festhalten.

Wieso fühlen wir uns bei Liebeskummer so niedergeschlagen?

Eine Trennung bedeutet häufig Stress für uns, weswegen auch das Level des Stresshormons Cortisol in unserem Blut steigt. Cortisol unterdrückt die Ausschüttung von Serotonin, ein Botenstoff, der sich positiv auf die Stimmung auswirken kann, das haben verschiedene Studien gezeigt. Ist der Serotonin-Level niedrig, geht es uns nicht gut. Menschen mit Depressionen haben übrigens auch einen niedrigeren Serotoninspiegel.

Wann wird der Kummer langsam besser?

In einer glücklichen Beziehung wird jedes Mal, wenn man den Partner oder die Partnerin sieht, unser Belohnungssystem im Gehirn aktiv. Nach der Trennung wird dieses Belohnungssystem angeschmissen, sobald wir an den / die Ex denken oder ihn/sie sehen. Allerdings bleibt die Belohnung aus, also der Sex, das Küssen oder auch die schönen Gespräche. Dadurch fühlt man sich schlecht. Nach einiger Zeit lernt unser Belohnungssystem, dass es keine Belohnung mehr zu erwarten braucht, und der Liebeskummer wird langsam besser. Unser Cortisolspiegel im Blut sinkt mit der Zeit wieder und unser Level an Serotonin steigt. Und damit auch die Stimmung.

Auch wenn langsam durchsickert, dass die Ex-Liebe uns nicht gutgetan hat – wieso passiert es, dass wir manchmal trotzdem im Bett unserer Ex-Liebe landen?
Leider bedeutet diese Einsicht nicht, dass diese Info auch bei unserem Belohnungssystem angekommen ist. Unser Belohnungssystem feuert so lange weiter, bis es gelernt hat: Okay, hier brauche ich keine Belohnung mehr zu erwarten. Es ist also kein Wunder, wenn man schwach bzw. rückfällig wird. Aber ganz ehrlich, aufgewärmt schmeckt nur Gulasch.

Welche Auswirkungen hat eine On-off-Beziehung auf die Psyche, also mehrfaches Sich-Trennen und Sich-wieder-Vertragen?
Für unser Gehirn bedeutet das absolute Verwirrung. Kann es bei dem Partner bzw. der Partnerin jetzt eine Belohnung erwarten oder nicht? Kaum hat sich das Gehirn wieder an die Belohnung durch den Partner oder die Partnerin gewöhnt, bleibt diese erneut aus. Diese Ungewissheit kann es auf der einen Seite sehr spannend für uns machen, auf der anderen Seite kann so eine On-off-Beziehung aber auch unendlich schmerzhaft sein.

Manchmal kann man es nicht lassen, den anderen auf Social Media zu stalken. Wie komme ich davon los?
Erst mal: I feel you! Ich persönlich kenne das auch nur zu gut. Tatsächlich ist es ganz normal, dass wir unseren Ex-Freund bzw. unsere Ex-Freundin in den ersten Tagen und vielleicht auch Wochen nach der Trennung

ein wenig stalken. Der niedrige Serotoninspiegel ist für obsessive Gedanken verantwortlich und deshalb kreisen unsere Gedanken fast ausschließlich um den Ex-Freund bzw. die Ex-Freundin. Wenn ihr euch aber denkt, hey, das wird jetzt langsam ein bisschen sehr krass, dann hilft nur eins: entfolgen.

Wie reagiere ich, wenn ich selbst von meinem Ex gestalkt werde?

Das kommt ganz darauf an, ob man online oder offline gestalkt wird und ob es über die typische Neugier auf Social Media hinausgeht. Für viele ist es ja auch eine Art Bestätigung, wenn man beispielsweise sieht, dass der Ex-Freund bzw. die Ex-Freundin sich die eigenen Storys auf Instagram anschaut. Wenn euch die andere Person aber unangebrachte Nachrichten schreibt und/oder alle eure Bilder kommentiert, dann zeigt eurem/eurer Ex Grenzen auf und kommuniziert ganz klar, dass ihr das nicht möchtet. Wenn das nicht hilft, dann blockiert die andere Person. Und wenn euch euer Ex-Freund oder eure Ex-Freundin unterwegs oder zu Hause auflauert, ihr euch unsicher fühlt und eure Grenzen überschritten werden, dann ruft die Polizei. Eure persönliche Sicherheit ist in diesem Moment das Wichtigste!

Mädchen ziehen sich bei Liebeskummer zurück, Jungs hauen auf die Kacke. Stimmt das?

Ich persönlich finde solche »Mädchen machen das, Jungen machen das«-Aussagen immer ein bisschen schwierig.

Jeder bzw. jede leidet, unabhängig vom Geschlecht, ganz unterschiedlich bei einer Trennung, und das ist auch völlig okay so. Auch Jungen können sich in ihrem Schmerz zurückziehen und Mädchen können auf die Kacke hauen. Aber ja, wenn man sich Umfragen zu dem Thema anschaut, dann erkennt man eine leichte Tendenz, dass Mädchen durchschnittlich früher ihren Gefühlen freien Lauf lassen als Jungen, die diesen unangenehmen Emotionen durchschnittlich länger erst mal ausweichen.

Und zum Schluss die wichtigste Frage:
Hilft Schokolade?
Nicht wirklich, nein. Dieser Schokoladenmythos kommt daher, dass Kakao das sogenannte Tryptophan enthält, eine Vorstufe von Serotonin. Tatsächlich ist der Tryptophangehalt aber selbst in sehr kakaohaltiger Schokolade ziemlich gering. Es gibt aber andere Lebensmittel wie zum Beispiel Käse, Soja und einige Nüsse, die einen höheren Tryptophangehalt haben und wirklich bei Liebeskummer helfen können.

Pia Kabitzsch ist Psychologin und Autorin. Auf YouTube hostet sie das erfolgreiche Format *psychologeek*. Darin spricht sie über aktuelle Themen wie Depressionen, Hochsensibilität oder die Liebe. Wer durch ist mit dem Liebeskummer und wieder Lust auf etwas Neues hat, kann mit Pias Buch »It's A Date!« weitermachen.

Der Körper macht also weiter auf Arschloch. Insbesondere die Hormone stehen dem inneren Frieden im Weg. Was das heißt? Hormone sind wichtige Botenstoffe, die in verschiedenen Organen gebildet werden. Hormone sind sozusagen Botschafter des Körpers. Sie übermitteln wichtige Informationen von einem Organ oder einem Gewebe zum anderen. Bei Liebeskummer ist alles in Aufruhr: Das Belohnungssystem des Gehirns kurbelt mit seinem Dopaminausstoß immer wieder das Verlangen nach der Ex-Liebe an. Und der ganze Stress sorgt dafür, dass die Nebennierenrinde erhöht Cortisol produziert, und das drückt den Serotonin-Level nach unten.

Die Folge: miese Stimmung und fast schon zwanghafte Gedanken an die Ex-Liebe. Das Gute: Es gibt eine Lösung. Und die heißt: Kontaktsperre! Je weniger du mit deiner Ex-Liebe zu tun hast, desto schneller kommt dein Gehirn wieder klar und desto weniger Stress hast du. Die Cortisol-Ausschüttung sinkt und der Serotoninspiegel steigt wieder. Die Stimmung auch. Der Weg liegt also vor dir, jetzt musst du ihn nur noch gehen. Und das ist der große Mist. Du willst noch gar nicht loslassen, oder?

STALKING

Schlussstrich ziehen? Keinen Kontakt mehr haben? Manchen Menschen fällt das verdammt schwer. In einem gewissen Maß ist es ganz natürlich, zu checken, was die Ex-Liebe so treibt. Was aber, wenn du auch nach einer Weile nicht davon lassen kannst?

Stalking ist keine dumme Liebeskummernebenwirkung, Stalking ist eine ernste Sache und außerdem strafbar. Das Gesetz dazu heißt: Straftatbestand der Nachstellung (§ 238 StGB). 2021 wurde dieses Gesetz ausgeweitet und erfasst nun auch digitales Stalking im Netz und über Apps.[4] Der Strafrahmen liegt bei drei Jahren Haft oder einer Geldstrafe. In besonders schweren Fällen kann sogar eine Strafe von fünf Jahren verhängt werden.

Aber wann ist es durch Liebeskummer bedingte Verzweiflung und ab wann Stalking?

Die Grenze ist fließend. Fakt ist, wenn der andere dir sagt, er will das nicht, dann musst du aufhören. Sofort! Manchmal nicht einfach. Da hat sich etwas festgesetzt bei dir, der Gedanke, es könnte irgendwie doch noch alles gut werden. Aber das wird es nicht. Und damit du merkst, dass du auf der falschen Fährte bist, hier ein paar Beispiele für Stalking von der Website des Bundesministeriums der Justiz und für Verbraucherschutz:

> *Anrufe oder Nachrichten zu allen Tages- und Nachtzeiten*

> *Verfolgen und Auflauern vor der Wohnung oder dem Arbeitsplatz*

> *Veranlassen von Dritten, Kontakt zum Opfer aufzunehmen*

> *Warenbestellungen unter dem Namen der Opfer*

> *Beleidigungen, Bedrohungen, Nötigungen*

Wenn du es nicht unterlassen kannst, dein/e Ex zu kontaktieren, zu verfolgen oder zu belästigen, ist es ratsam, Hilfe zu holen. Im Internet findest du Beratungsangebote in deiner Nähe. Oder du schaust mal auf S. 46.

Fühlst du dich selbst akut bedroht, ruf die **Polizei: 110**

EIFERSUCHT – ALLES NOCH SCHLIMMER

Die Ex-Liebe aus Herz und Gedanken zu verbannen ist nicht einfach. Leider gibt es da etwas, was alles noch viel schlimmer macht: die Eifersucht. Denn sobald du über Freunde oder Social Media mitbekommst, dass die Ex-Liebe etwas Neues am Laufen hat, wirkt das wie ein Gefühlsverstärker. Die Verzweiflung wird unermesslich groß und der Schmerz lässt dich fast ohnmächtig werden. *Warum habe ich nicht gereicht? Was hat der/die andere, was ich nicht habe?* Du fühlst dich klein und minderwertig.

Du dachtest, der Schmerz könnte nicht größer sein, doch nun hat jemand den Regler bis zum Anschlag gedreht. Denn die neue Verbindung deiner Ex-Liebe bedeutet: Es ist wirklich aus. Der Albtraum wird zur Realität.

Du weißt nicht, wie du das aushalten sollst. Und wie sollst du deiner Ex-Liebe nun begegnen, erst recht wenn da jemand Neues am Arm hängt? Bei dem Gedanken wird dir schlecht. Wie kann deine Ex-Liebe dich so schnell austauschen? Wieso tut er/sie dir das an? Richtig fies wird es, wenn Gedanken auftauchen wie: *Aber ich kann mich doch ändern, ich kann doch so sein wie er oder sie.* Der absolute Brainfuck. Vergiss diesen Gedanken bitte ganz schnell wieder.

Auch wenn diese Situation der Worst Case ist, also der schlimmste aller Fälle, hat sie auch etwas Gutes: Du wirst gezwungen, einen innerlichen Schlussstrich zu ziehen. Deine Ex-Liebe ist weitergezogen. Du musst es nun auch tun. Auch wenn es sich herzlos anhört. Aber es erspart dir ein vielleicht nicht enden wollendes Hin und Her. Deine Ex-Liebe hat die Brücke zwischen euch abgebrochen. Und damit ist dein Traumgebilde von der Wiedervereinigung eurer Herzen geplatzt. Eifersucht tut weh und ist wie ein Brandbeschleuniger für schlimme Gefühle: Es brennt lichterloh, aber dafür ist das Feuer auch schneller erloschen.

Versuch also, der blöden Eifersucht etwas Gutes abzugewinnen. Sie stößt dich in die richtige Richtung. Du wirst nun zu etwas gezwungen, was dir unendlich schwerfällt: loszulassen.

EIN LETZTES GESPRÄCH

Ein Gedanke lässt mich nicht los. Ich verstehe in der Theorie ja, dass die Liebe verblassen kann und sich Gefühle davonmachen, aber dann muss man doch wenigstens reden, oder? Sich einfach so zu verpissen – das hat unsere Liebe nicht verdient! Warum ist Schluss? Ich muss es wissen.

Wenn du nach der Trennung mit der Beziehung nicht abschließen kannst, dann bittest du deine/n Ex einmal (!) um ein klärendes Gespräch. Darin sollte es möglichst nicht um Schuldzuweisungen gehen, sondern um eine Aussprache. Eine Chance für einen Schlussstrich. Ist deine Ex-Liebe dazu bereit, wählt einen ruhigen, neutralen Ort, an dem auch Tränen fließen können. Nehmt auch Zeit.

Auch wenn es wehtut, solltest du in diesem Gespräch versuchen, ehrlich zu sein. Je deutlicher du bist, desto besser kann deine Ex-Liebe auf dich eingehen. Bleibe in diesem Gespräch bei dir und deinen Gefühlen. Beginne deine Sätze am besten mit »ich«. So erfährt dein Gegenüber, wie es dir geht, fühlt sich nicht angegriffen und ihr landet nicht in einer Diskussion darüber, wer recht hat und wer nicht. Vermeide Pauschalisierungen wie »nie« und »immer«. Das schürt nur Streit.

Hier mal ein paar Beispiele, wie dein Gesprächseinstieg aussehen könnte:

»Wir hatten eine tolle Zeit, ich verstehe nicht, was schiefgelaufen ist.«

Oder:

»Ich habe so viele Liebesnachrichten von dir bekommen, ich bin deshalb verwirrt und auch geschockt, dass jetzt Schluss ist. Was ist passiert?«

Natürlich kannst du auch deine unangenehmen Gefühle zum Ausdruck bringen.

»Ich bin traurig, wütend und enttäuscht. Wir haben Sex und einen Tag später ist Schluss? Das passt für mich nicht zusammen.«

Im besten Fall bekommst du Antworten. Vielleicht sind da Dinge dabei, die du nicht hören willst. Die den Schmerz nur noch schlimmer machen. Wenn Sätze fallen wie: »Ich liebe dich nicht mehr.« Oder noch härter: »Es gibt da jemand anderen.«

Immerhin wird so klar: No way back. Der Drops ist gelutscht. Es tut weh, aber du weißt nun, woran du bist, und kannst beginnen, nach vorne zu schauen.

Vielleicht passiert aber auch etwas anderes: Deine Ex-Liebe erklärt, was ihm/ihr gefehlt hat. Und du verstehst das. Auch wenn du traurig bist. Eventuell schaffst du es, über deinen Schmerz zu blicken, und ihr könnt euch noch mal in die Arme nehmen. Lebewohl sagen. Passiert nicht oft, so ein Hollywood-Abschied, aber es gibt ihn. Er schenkt Versöhnung. Das lindert nicht den Schmerz, hilft aber bei der Heilung.

Ist er/sie nicht zu einer Aussprache bereit, kannst du ihn/ sie nicht zwingen und musst die Entscheidung respektieren. Was du aber machen kannst: schreiben. Schreib dir deinen Frust von der Seele. Damit hast du wenigstens einmal alles rausgehauen, und das hilft, um mit dem Thema abzuschließen. Ob du das Geschriebene abschickst oder nicht, bleibt dir überlassen. Manchmal ist es einfach nur wichtig, Dinge loszuwerden, und die Reaktion darauf zweitrangig.

Einigen hilft ein Abschiedsritual. Das kann ganz unterschiedlich aussehen. Schreibe auch dafür die Punkte auf, die du noch unbedingt loswerden wolltest. Dann vernichte den Brief mit einer kleinen Zeremonie. Du kannst ihn zum Beispiel an einem sicheren Ort verbrennen oder ihn in winzig kleine Schnipsel reißen und feierlich in den Papierkorb schmeißen. Beende das Ritual mit einer positiven Geste. Vielleicht prostest du dabei einer Freundin/ einem Freund zu, du machst einen schönen Spaziergang oder du gönnst dir etwas Besonderes. Indem du das innere Abschiednehmen mit einer Zeremonie verbindest, machst du es real und leitest gleichzeitig ganz bewusst neue Zeiten ein. Sag dem Schmerz »Adieu«!

DER BERÜHMTE RÜCKFALL: NOCH MAL MIT ARSCHLOCH INS BETT

Mal ehrlich, war deine Ex-Liebe wirklich so perfekt? Deine Freunde finden: So, wie er/sie mit dir Schluss gemacht hat – das war nicht fair. Sie nennen deine/n Ex übrigens nur noch »das Arschloch«. Und du? Du nimmst ihn/sie jedes Mal in Schutz. Denn du bist immer noch davon überzeugt, dass das mit euch etwas Großes war. Allerdings wenn du ganz ehrlich bist, fühlt es sich gerade ziemlich mickrig an.

Zweifel ziehen bei dir ein. Doch gerade als du die ersten negativen Gefühle gegenüber deiner Ex-Liebe zulassen willst, kommt er/sie um die Ecke. Mit diesem unwiderstehlichen Lächeln und einem sehr verführerischen Blick. Okay, nicht ganz nüchtern, aber du wirst schwach. Ihr knutscht rum und landet irgendwie im Bett. Aber mit Romantik und Liebeserwachen ist da nicht viel. Dieser einst so wunderbare Mensch schleicht sich danach ohne viel Worte davon. Nein, eine Versöhnung war das nicht. Irgendwie geht es dir jetzt beschissener als vorher. Und du denkst: Das Arschloch.

WIE SCHEISSE BIST DU DENN?

So langsam begreifst du, dass du das alles hinter dir lassen musst. Aber es fällt dir schwer. Es gibt Momente, da willst du das wirklich, und dann gibt es wieder Tage, an denen du nur Sehnsucht hast. Da klammerst du dich an die schönen Momente. Du schaffst es einfach nicht, einen innerlichen Abstand zu entwickeln. Genau dafür kommt hier eine kleine Hilfe: Mach dir eine Liste mit all seinen/ihren Fehlern. Und wenn dir nichts einfällt, weil er/sie doch soooo himmlisch war – hier kommen ein paar Fragen, die dir dabei helfen. Du kannst sie mit Zahlen oder wenigen Worten beantworten.

AUF EINER SKALA VON 1 (MEGA MIES) BIS 10 (MEGA EINFÜHLSAM), WIE FINDEST DU DIE ART UND WEISE, WIE DEIN/E EX MIT DIR SCHLUSS GEMACHT HAT?

KONNTE DEINE EX-LIEBE GUT ÜBER GEFÜHLE REDEN?

WAS KONNTEST DU NIE MIT DEINEM/DEINER EX MACHEN?

WELCHE MACKEN HABEN DICH AN DEINER/DEINEM EX GENERVT?

WOMIT HAT ER/SIE DICH AM MEISTEN VERLETZT?

....

....

....

....

....

....

WIE BEHANDELT DICH DEINE EX-LIEBE, SEITDEM SCHLUSS IST?

....

....

....

....

....

....

Warum das Ganze? Manchmal ist dieses Gefühl, dass der oder die andere doch nicht so toll war, ein sehr diffuses, nicht greifbares Gefühl. Wenn du dir diese Fragen und deine Antworten jetzt noch mal anschaust, siehst du vielleicht, dass du eventuell doch nicht nur auf Händen getragen wurdest oder dass ihr doch nicht so gut zueinander gepasst habt. Natürlich kann es sein, dass deine Ex-Liebe ein ganz wundervoller, liebevoller Mensch war und es schwerfällt, nach Fehlern zu suchen. Aber versuche es trotzdem. Denn das hilft dabei, innerlich Abschied zu nehmen.

Achtung: Sollte dir beim Beantworten klar werden, dass dich der/die andere sogar extrem mies behandelt hat, solltest du dich außerdem noch fragen, warum du das mitgemacht hast. Diese Frage wird dich die nächsten Tage, Wochen, Monate oder noch länger begleiten. Vielleicht kommst du selbst drauf, vielleicht brauchst du dabei etwas Hilfe. Diese Antwort zu finden ist extrem wichtig. Es ist ein echter Schlüsselmoment. Denn nur mit ihr wirst du die Möglichkeit haben, etwas zu ändern, zu wachsen und glücklich zu werden.

Die Wut auf die Ex-Liebe, ob du sie jetzt spürst oder später, sie kommt. Und es ist gut, dass sie kommt. Die Wut auf den/die andere/n ist nicht immer gerecht. Das kann dir in diesem Moment egal sein, aber behalte das mal im Hinterkopf. Der Ärger ist eine tolle Hilfe, um Distanz zu der Ex-Liebe aufzubauen. Umarme diese Hilfe, lebe sie aus. Okay, nicht unbedingt Reifen zerstechen oder so, aber sein/ihr Lieblings-T-Shirt, das noch bei dir rumliegt, das darf dran glauben. *Ätsch!* Die Wut kann an-dauern. Soll sie ruhig. Lass sie. Irgendwann verpufft sie.

Die Gefühle verblassen, die guten und die bösen.

TRAURIG, NIEDERGESCHLAGEN, MUTLOS. UND NUN?

Auch wenn die Wut ein bisschen geholfen hat, Distanz zu gewinnen – wirklich gut geht es dir noch nicht.

Immer wieder Tränen.

Irgendwie ist es doch ungerecht. Dein/e Ex hat Schluss gemacht und du musst jetzt durch diesen Schmerz? What the fuck? Das hier war nicht deine Idee. Du wolltest das alles nicht. Du wolltest eigentlich nur eins: Liebe.

Du wurdest reingeworfen in den Strudel und nun trudelst du und trudelst, weißt nicht mehr, wo oben ist und unten. Du kennst dich nicht mehr aus. Du willst diese Beziehung hinter dir lassen, abstreifen wie eine alte Jacke. Mit all dem Dreck!

Du willst niemanden vollheulen und du hast auch keinen Bock, die mitleidigen Blicke der anderen zu spüren. Du magst nicht den genervten Unterton deiner Freundinnen und Freunde hören, die langsam die Lust verlieren, über deinen Liebeskummer zu sprechen, weil sie schon zu oft Opfer deiner miesen Stimmung waren.

Ich will hier gar nicht sein!!!

Das Schlimmste: Es schleicht sich bei dir das Gefühl ein, dass du zu jemandem wirst, der du gar nicht sein möchtest. Du bist eigentlich keine unglückliche, schwache, rachsüchtige, wütende, aggressive, neidische, schlaffe oder eifersüchtige Person.

Du bist kein Opfer.

Du willst wieder lachen können und glücklich sein. Du willst endlich wieder die Macht haben über deine Gefühle. Du willst dein unbeschwertes Ich zurück.

Wie zum Teufel soll das gehen?

Stopp! Einmal bitte innehalten. Hier ist nämlich gerade etwas ganz Wunderbares passiert: Du hast den Fokus auf dich gerichtet. Seit einer Ewigkeit endlich mal wieder auf dich. Auch wenn du dir gerade nicht besonders gut gefällst – für eine Nanosekunde hast du nicht an deine Ex-Liebe gedacht, sondern an dich. Falls du jetzt eine kleine Fanfare oder einen Tusch in deinen Ohren klingen hörst, hörst du richtig. Genieße es!

Jetzt ist der Moment gekommen, einen genaueren Blick auf das eigene Ich zu werfen. Denn dein Ich ist gerade kaputt, wie ein eingestürztes Haus. Zeit, erst mal Ordnung zu machen. Denn erst wenn der Schutt abgetragen ist, bekommst du eine Vorstellung davon, was zu tun ist, um dich wiederaufzubauen.

Sich zu dieser Aufbauarbeit aufzuraffen, erfordert Kraft und vor allem: Mut. Denn du wirst unter all dem Schutt vielleicht auch Dinge entdecken, die dir nicht gefallen. Dinge über dich selbst. Muster, die du in Beziehungen – nicht nur mit Lovern – wiederholst, die ungesund sind, oder Dinge, die du extra ganz tief eingebuddelt hattest, damit du dich damit nicht mehr beschäftigen musst. Aber: Wenn du jetzt die Energie aufbringst, dich mit dir selbst auseinanderzusetzen, wirst du davon profitieren. Nicht nur in zukünftigen Beziehungen, sondern überhaupt im Leben. Du bist zerstört, beschädigt, oder wie auch immer du das nennen möchtest, aber du hast jetzt die Chance, dich neu zusammenzusetzen. Zu einer besseren Version deiner selbst. Stärker, erfahrener und glücklicher.

Du musst dich nun entscheiden: Brauchst du noch ein paar Trauertage? Dann lege das Buch aus der Hand, decke dich ein mit Taschentüchern, tröste dich mit Nussschokolade, einer leckeren Käseplatte – Stichwort: Tryptophan –, oder was du sonst gerne magst. Guck eine Serie, hör einen Podcast, lies ein Buch. Mummel dich ein. Und schaue hier wieder rein, wenn du bereit bist.

Wenn du diesen Trauerkloßzustand aber satthast und es nicht abwarten kannst, endlich wieder du selbst zu sein oder sogar eine noch bessere Ausgabe deines alten Ichs, dann darfst du jetzt gerne weiterlesen.

VERANT-WORTUNG

»Das Gefühl ist so schlimm –
du frierst das ein. Damit du
nicht stirbst.«

Katrin Westerhoff

Du spürst eine innere Unruhe. So ein Vibrieren, das den Schmerz zum Klingen bringt und dich nicht zur Ruhe kommen lässt. Da muss jetzt was her, irgendein Impuls, eine Idee, eine Hilfe. Du möchtest nicht mehr mit deiner Baustellen-Seele leben. Du möchtest es wieder schön haben und heil, oder zumindest erst mal stabil.

Ich schaffe das! Ich schaffe das! Ich schaffe das!

Wie lange ist es jetzt schon her, dass die große Liebe zur Ex-Liebe wurde? Tage, Wochen? Die Wut hat ein bisschen Abstand gebracht, aber auf der Höhe bist du nicht. *Wieso denke ich immer noch so viel über diese Beziehung nach? Wieso tut es denn immer noch so weh?*

Wenn du einen Blick auf dein vom Liebeskummer zerfetztes Herz wirfst, wird klar: Heil ist da noch gar nichts. Notdürftig zusammengeflickt. Tut seinen Dienst. Mehr nicht. *Puh.*

Du hast ja schon gelernt, dass es ein paar Dinge gibt, die du jetzt tun kannst: Ablenkung und Abstand halten. Aber da ist noch ein sehr wichtiger Punkt, der schon angeklungen ist: die Innenbetrachtung. Seeleninventur sozusagen.

Wer es jetzt schafft, sich mit sich selbst auseinanderzusetzen und mal zu gucken, was da so im Inneren abgeht, der macht einen großen Schritt nach vorne – nicht nur in Sachen Liebesleben, sondern in allen Lebensbereichen, denn du gehst damit in die Verantwortung für dein eigenes Glück. Was genau das bedeutet, erklärt uns Katrin Westerhoff. Sie ist Beraterin für seelische Gesundheit und Trauma. Das Besondere: **Katrin Westerhoff** guckt gar nicht so sehr auf die Beziehung – was war denn da los mit der Ex-Liebe? –, sie betrachtet die Seele. Denn eine verletzte Seele kann die Ursache dafür sein, wenn der Schmerz nicht gehen will.

Wieso nimmt Liebeskummer manche Menschen schlimmer mit als andere?

Weil wir sehr individuell sind in dem, was wir erlebt haben. Da ist jede Lebensgeschichte komplett anders. Bei manchen ist Liebeskummer wirklich etwas Existen-zielles, andere fühlen zwar einen heftigen Schmerz, aber können mehr bei sich bleiben.

Woran liegt das?

Unsere Verhaltensmuster kommen so gut wie alle aus unserer Kindheit. Die Prägung startet schon im Bauch der Mutter und ist in den ersten drei Lebensjahren am stärksten. In dieser Phase kann es passieren, dass Kinder emotional überfordert werden, wenn sie zum Beispiel Ablehnung oder Lieblosigkeiten erfahren. Und das kann traumatisch sein. Wenn dann im Jugend- oder Erwachsenenalter in einer Beziehung eine Trennung stattfindet, dann wird dieses Trauma getriggert. Das heißt, das alte Gefühl legt sich drüber. Je nachdem, was man erlebt hat, kann das ein heftiges oder extrem heftiges Gefühl sein. Ganz oft ist das Gefühl nicht adäquat mit dem, was da gerade passiert.

Das Wort »Trauma« kommt aus dem Griechischen und heißt Wunde/Verletzung. Was aber ist ein Trauma in Bezug auf die Psyche?

Ein Trauma in der Psyche ist auch eine Verletzung. Die seelische Verletzung ist aber ein bisschen anders aufgebaut, als wenn du dir in die Hand schneidest oder einen Knochen brichst. Kurz gefasst bedeutet es, dass etwas Schmerzhaftes passiert und man in diesem Moment nichts dagegen tun kann. Du kannst nicht flüchten oder reagieren. Du bist in einer Art Ohnmacht. Und dann ist der letzte Notfallmechanismus im Gehirn die Abspaltung. Das Gefühl ist so schlimm – du frierst das ein. Damit du nicht stirbst.

Kann Liebeskummer auch eine traumatische Erfahrung sein?

Im Jugend- und Erwachsenenalter ist das eher selten. Hypothetisch gesehen, man ist seelisch ganz gesund und eine Beziehung geht zu Ende, dann ist man traurig und denkt noch mal an all das, was man zusammen hatte – das ist echt eine Herausforderung, aber kein Drama. Dra-

ma entsteht, wenn da was Altes aus der frühen Kindheit ist. Das heißt, es gibt einen verletzten Anteil in unserer Seele und deshalb geht man in etwas Destruktives: in die Verzweiflung, in die Überforderung, in die Aggression. Man hat dann echte Katastrophengefühle. Und die legen sich da drüber. Es wird dann projiziert auf die Situation, aber eigentlich ist es etwas Altes.

Sind viele davon betroffen?
Es gibt so viele Ebenen von Lieblosigkeiten oder Zurückweisungen. Trauma ist etwas sehr Alltägliches. Da haben schon die Allermeisten etwas, was da schlummert.

Aber was kann ich tun, wenn ich merke, der Liebeskummer wird einfach nicht besser?
Es ist ein guter Schritt, wenn man sich mit seinen Gefühlen auseinandersetzt. Und sich bewusst macht, dass der Mensch ein fühlendes Wesen ist, das unbedingt lieben und geliebt werden will. Das ist unsere Basis. Und wenn die verletzt ist – das ist dann unser Drama. Wichtig ist dann, dass man sich mal anguckt: Wieso leide ich jetzt so doll? Es ist ja eigentlich nur eine Beziehung auseinandergegangen, ich kann ja leben und auch so ein gutes Leben haben. Irgendwas ist daran zu viel.

Ist die Liebe unser Leitmotiv im Leben?
Ja. Und im Grunde erfahren das selbst Menschen, die nicht wegen Liebeskummer zu mir kommen, sondern

wegen anderer Probleme. Weil sie in einer Gefühls-
krise stecken, traurig oder depressiv sind. Und dann
stellt man fest: Es geht um einen Liebeskummer, um ein
Liebesdefizit. Die sagen dann Sachen wie: »Ich habe mein
ganzes Leben schon Liebeskummer.«

Was ist das Ziel bei der Auseinandersetzung mit sich selbst?

Sich selbst zu lieben. So wird man unabhängiger vom Außen. Und dann kommt das Außen wie ein Bonus dazu,
wenn man noch jemanden trifft, mit dem man sich toll
versteht und schöne Gefühle hat. Oft sind da beim Liebeskummer Anteile, die man in sich selbst ablehnt. Und
wenn man sich das bewusst macht, kommen Ruhe und
Unabhängigkeit rein.

In einer Beziehung erwartet man oft vom Partner oder von der Partnerin eine Heilung alter Wunden. Aber eigentlich muss man das selbst machen?

Ja, genau. Das ist der einzige Weg. Wenn man sich wirklich diesen Anteilen zuwendet, dann kann auch die Heilung passieren. Wenn man zum Beispiel den Wunsch
nach bedingungsloser Liebe, die einem vielleicht in der
Kindheit versagt wurde, auf den anderen projiziert, dann
ist das in der ersten Phase der Verliebtheit wie eine Erlösung. Aber irgendwann bricht die rosarote Brille weg,
kommt die Ernüchterung, weil die ersehnte Heilung
nicht eintrifft. Denn für diese Erlösung kann ein Partner
gar nicht sorgen, das kann niemand für einen machen.

**Was gewinne ich, wenn ich mich um die
Heilung meiner verletzten Seele kümmere?**

Rosarote Brillen, also Illusionen, werden abgebaut. Der gesunde Anteil der Psyche wächst. Ich lerne, dass meine Psyche ein gesundes Instrument ist, mit dem ich gut die Realität wahrnehmen kann. Und mit dem ich ein schönes Leben gestalten kann. Dafür bin ich allein verantwortlich. Das heißt nicht, dass man das alleine machen soll, wir sind ja soziale Wesen, wollen Partnerschaften. Aber dass man erst mal für sich guckt: Wer bin ich eigentlich? Und wie will ich mein Leben gestalten? Daraus entwickeln sich dann auch gesunde Gemeinschaften und Paar-Beziehungen. Ich kann nur sagen: Das anzugehen lohnt sich. Das Leben wird damit besser und ruhiger.

Katrin Westerhoff ist Journalistin und Beraterin für seelische Gesundheit und Trauma. Sie arbeitet mit der Methode Identitätsorientierte Psychotraumatherapie (IoPT)[5] seit mehr als zehn Jahren. Katrin Westerhoff berät Menschen u. a. mit Beziehungsproblemen, Liebeskummer oder Burn-out sowie Kinder mit Ängsten, Lernschwächen oder Diagnosen aus dem autistischen Spektrum (www.kreativ-leben.koeln).

NEUE BLICKWINKEL

Okay, hier geht es also um einen Wechsel der Blickrichtung. Ich gucke nicht mehr auf meine / n Ex, ich gucke auf mich. Manche von uns haut der Liebeskummer besonders um, weil offenbar nicht nur um die verlorene Liebe getrauert wird – sondern weil da alte, tief verbuddelte Gefühle hochkommen und man in eine kindliche Hilflosigkeit und Verzweiflung rutscht. Gehörst du zu denen, die besonders extrem leiden, kann es sinnvoll sein, mal zu gucken, was da in der Vergangenheit los war.

> *Wie habe ich meine Kindheit erlebt? Gab es Chaos? Gab es Schmerz? Oder das Gegenteil: die totale Bemutterung? Gab es strenge Regeln? Gab es gar keine? Was hat mir gutgetan? Was nicht?*

> *Und wie wirkt sich das alles auf mich aus, im Hier und Jetzt? Reagiere ich auf Krisen immer angemessen oder fühlen sich meine Reaktionen und meine Emotionen manchmal zu heftig an? Flüchte ich ins Drama und komme da nur schwer wieder raus? Oder: Ziehe ich mich extrem zurück und verstumme?*

Du brauchst keine Angst zu haben, dass etwas mit dir nicht stimmt. Es ist einfach gut, sich an diesem Punkt klarzumachen, wo man herkommt. *Wie wurde ich zu der Person, die ich bin?* In die Auseinandersetzung mit sich selbst zu gehen – das ist am Anfang erst mal ungewohnt, fühlt sich komisch an. Du nimmst Kontakt auf mit deinen Gefühlen, versuche dabei ehrlich zu sein. Tauche ab, horch in dich hinein. Hier geht es darum, sich zu entdecken. So richtig echt. Ein wahrhaftes Kennenlernen.

HALLO, SEELE!

Vielleicht müssen die Gedanken, die du gerade angeschubst hast, noch ein bisschen reifen, bevor du sie weiterverarbeiten kannst. Wenn dich das zu sehr stresst, dann lass das Ganze etwas ruhen und beschäftige dich damit, wenn du die Kraft und Energie hast. Aber allein das Anschieben bringt schon was, setzt etwas in Gang bei dir. Ein erster wichtiger Schritt ist schon getan. Toll!

Die wichtigste Erkenntnis: Heilung kann nur durch dich geschehen. Kein Partner und keine Partnerin kann dir das abnehmen. Du bist für dein Seelenheil verantwortlich. Es liegt an dir, deine Themen zu entdecken und dich ihnen zu widmen. Denn nur so kommst du in die Selbstliebe. Und ohne die geht gar nichts in Sachen Glücklichsein. Die Selbstliebe neu zu entfachen oder sogar zum ersten Mal zu entdecken, ist vielleicht das schönste und wertvollste Geschenk, das du dir machen kannst. Denn du wirst unabhängiger in Beziehungen zu anderen. Du wirst nicht nur heilen, du wirst stärker.

SCHMERZ, HAU AB!

Wozu das Ganze? Warum die Auseinandersetzung mit alten Wunden? Ja, die Verlockung ist groß, diesen Schmerz, den du jetzt empfindest, einfach wegzuschließen. Ein kleines Geheimfach in deinem Herzen. Dann musst du das nicht mehr fühlen. Dann hört es endlich auf. Aber Vorsicht: Der Schmerz wird dann so mächtig, dass er austritt und dein Herz vergiftet. Wie nukleare Strahlung. Man sieht sie nicht, aber sie richtet großen Schaden an. Und dann kannst du nicht mehr vertrauen, dein Herz nicht mehr öffnen. Alles wäre kontaminiert. Es hilft nichts, du musst da durch. Nur so gibt es Heilung. Nur so kann das Glück wieder bei dir einziehen. Wenn der Schmerz dich manchmal zu überwältigen droht, dann hilft dir vielleicht dieses Bild: Der Schmerz kommt in Wellen. Am Anfang ist die See stürmisch. Da sind die Wellen hoch und kommen so heftig daher, dass sie einen fast umhauen. Aber mit der Zeit wird der Wellengang ruhiger. Abstände werden größer und Wellen kleiner. Du hältst ihnen stand. Und irgendwann kannst du wieder barfuß durch ruhige Gewässer streifen und das Gefühl des sanften Wassers genießen.

SEELEN-DETEKTIV

Übrigens: Auch wenn du denkst, bei dir war eigentlich immer alles prima, und du findest, deine Seele fühlt sich gesund an, ergibt es Sinn, mal in dich zu gehen und zu überlegen: Wie wurde ich von meiner Familie geprägt? Wie sah oder sieht die Beziehung meiner Eltern aus? Von welcher Art Liebe war ich umgeben? Denn das alles wirkt sich auf deine Partnerschaften heute aus. War dein Vater beispielsweise selten anwesend, dann hast du in deinem Unterbewusstsein vielleicht etwas abgespeichert, das sagt: Liebe bedeutet, dass der/die andere wenig da ist. Und dann suchst du dir eventuell ganz unbewusst auch

Partner oder Partnerinnen, die sich rarmachen. Crazy, oder? All deine Verhaltensweisen kommen aus deiner Kindheit. Abläufe, die sich in deiner Familie tausendfach wiederholt haben, hast du wie ein Spitzensportler antrainiert. Zu lieben – das lernen wir in unserer Familie. Und das kann eine ganz wundervolle Erfahrung gewesen sein oder aber eine Erfahrung, die geprägt war von kleineren oder größeren Brüchen.

Mit diesem Wissen kannst du jetzt dein Verhalten erkunden. Nicht nur in Bezug auf deine Partnerschaften, sondern zu allen Menschen um dich herum. Bist du liebevoll? Weich und milde mit deinen Mitmenschen? Oder eher hart und kritisch? Bist du streitsüchtig oder vermeidest du um jeden Preis Konflikte? So eine Innenschau auf sich selbst ist nicht unbedingt easy. Wer gibt schon gerne zu, dass er manchmal am Rad dreht. Dabei tun wir das alle mal. Aber – du willst ja die beste Version deiner selbst werden, nicht wahr? Komm, trau dich! Schau mal genau hin!

Auf den nächsten Seiten findest du einen kleinen Test, um zu gucken, wie du so im Umgang mit deinen Mitmenschen tickst. Beantworte die Fragen so ehrlich es geht. Der Clou: Fülle den Test zusammen mit einem Test-Buddy aus. Das kann ein/e gute/r Freund/in oder ein liebes Familienmitglied sein. Du beurteilst dich und er/sie beurteilt dich parallel. Schreibt die Antworten jeweils auf einen Zettel oder ins Handy und dann vergleicht ihr. Am Ende siehst du, wie treffend du dich selbst einschätzt, und erfährst, wie dich andere so erleben.

AUF EINER SKALA
VON 1 (NIEDRIG/WENIG)
BIS 10 (HOCH/GROSS) ...

... WIE LIEBEVOLL BIST DU?

① ● ● ● ● ● ● ● ● ⑩

... WIE EIFERSÜCHTIG BIST DU?

① ● ● ● ● ● ● ● ● ⑩

... WIE KOMPROMISSBEREIT
BIST DU?

① ● ● ● ● ● ● ● ● ⑩

... WIE SCHNELL FLIPPST DU AUS?

① ● ● ● ● ● ● ● ● ⑩

... WIE ZUVERLÄSSIG BIST DU?

... WIE GROSS IST DEIN BEDÜRFNIS, BESTÄTIGUNG ZU BEKOMMEN?

... WIE GUT BIST DU DARIN, GEFÜHLE ZU ZEIGEN?

... WIE EHRLICH BIST DU?

... WIE GUT KANNST DU ZUHÖREN?

... WIE GERN SETZT DU DEINEN WILLEN DURCH?

... WIE GROSSZÜGIG BIST DU?

① ● ● ● ● ● ● ● ● ⑩

... WIE VERSTÄNDNISVOLL BIST DU?

① ● ● ● ● ● ● ● ● ⑩

... WIE SEHR KLAMMERST DU?

① ● ● ● ● ● ● ● ● ⑩

... WIE KLAR KANNST DU DEINE GEDANKEN ÄUSSERN?

① ● ● ● ● ● ● ● ● ⑩

... WIE MISSTRAUISCH BIST DU?

① ● ● ● ● ● ● ● ● ⑩

... WIE WICHTIG SIND DIR REGELN?

① ● ● ● ● ● ● ● ● ⑩

... WIE EGOISTISCH BIST DU?

... WIE VIEL FREIRAUM LÄSST DU DEM/DER ANDEREN?

... WIE RÜCKSICHTSVOLL BIST DU?

... WIE HILFSBEREIT BIST DU?

... WIE GUT GEHST DU MIT KRITIK UM?

... WIE SCHWER FÄLLT ES DIR, DICH ZU ENTSCHULDIGEN?

So, und jetzt schau mal, wo du mit deinem Test-Buddy Übereinstimmungen hast und wo nicht. Spannend wird es nämlich bei den Unterschieden. Denn bestimmt gibt es einige Antworten bei deinem Test-Buddy, die dich überraschen – positiv wie negativ. *Oh wirklich? Toll!* Oder: *So bin ich doch gar nicht!* Freu dich über ein gutes Feedback und sei nicht sauer, wenn du mal nicht wie gewünscht gepunktet hast. Tut vielleicht ein bisschen weh, aber sieh es als tolle Chance auf eine ehrliche Einschätzung. Nimm es als Anlass zu fragen, warum du in manchen Situationen so reagierst, wie du reagierst. Lass die Antworten dann ein bisschen sacken und denke später noch mal in Ruhe darüber nach. Dieser Prozess schiebt Dinge an. Da kommt etwas in Bewegung: die Selbstreflexion. Du wirst jetzt automatisch selbstkritischer und prüfen, ob das denn alles so stimmt, was du über dich denkst, oder ob da doch etwas dran ist, was dein Test-Buddy meint. Und das ist schon der ganze Trick. Wenn deine Selbstreflexion am Start ist, dann kommst du auf viele Punkte, die dir vorher gar nicht so bewusst waren: *Mist, gut zuhören ist wirklich nicht so mein Ding.*

ALLES MEINE SCHULD?

Kaum denkst du über deine Eigenschaften nach, wirst du unsicher. *Das alles ergibt zwar irgendwie Sinn, aber hey, bedeutet das, dass ich an allem schuld bin?* Natürlich nicht! Es geht hier nicht um die Schuldfrage. Hier geht es darum, sich kennenzulernen, sich besser einschätzen zu können. Du bist ein toller Mensch! Wir alle hören nicht auf, im Leben zu lernen. Und je eher wir begreifen, wer wir sind, wie unsere Bedürfnisse aussehen, desto eher finden wir unser Glück – ganz unabhängig von einem Partner oder einer Partnerin.

Ganz wichtig: Sei bei dieser Seelenforschung sanft und liebevoll mit dir. Du bist immer noch Liebeskummer-down, immer noch nicht richtig bei Kräften. Das soll keine Selbstanklage werden, du sollst herausfinden, wie du tickst. Und du sollst das Beste aus dir herausholen.

Denn wenn du die Themen erkannt hast, an denen du arbeiten willst, kannst du sie viel bewusster und umsichtiger einsetzen. Wer zum Beispiel ab und zu wütend wird, der zeigt dem anderen deutlich, dass eine Grenze überschritten wurde. Und das ist wichtig. Ein bisschen schöner wäre es natürlich, wenn man seine Gefühle dem anderen in einer ruhigen Art erklären könnte – das kommt immer besser an. Es gibt also Anteile an der Wut, die super sind, es gibt Anteile an der Wut, die nicht super sind.

Du bist ein ruhiger Typ? Dann kannst du deine Bedürfnisse vielleicht anderen gegenüber nicht so gut kommunizieren – auf der anderen Seite bist du dafür ein wunderbar geduldiger Zuhörer.

Du bist okay, so wie du bist. Mit all dem, was du mitbringst. Es hilft aber, sich bewusst zu machen: Was setze ich wie ein? Finde ich das gut oder will ich daran noch arbeiten?

Manchmal entdeckt man bei so einer Bestandsaufnahme kleine Ticks oder Macken. Und diese Ticks führen dich in Beziehungen vielleicht immer wieder an Punkte, die für Unruhe sorgen. Oft stecken hinter solchen Ticks Bedürfnisse, die du näher betrachten solltest. Du bist beispielsweise abhängig von Liebesbeweisen und Anerkennung? Du brauchst sie regelmäßig und forderst sie sogar ein? Dann frage dich, warum das so ist. Hinter vielen solcher Verhaltensmuster verbirgt sich tatsächlich ein Mangel an Liebe. Aber wo kommt die Liebe her, wenn nicht vom Partner?

Von dir!

Ja, das geht. Nicht von heute auf morgen. Aber du kannst es lernen!

SELBSTLIEBE STÄRKEN – SO LERNST DU, DICH MEHR ZU LIEBEN

SUPERPOWERLISTE

Fertige eine Liste an von Dingen, die du an dir magst oder die du gut kannst. Etwa wie: Ich mag meine Augen, meine Nase, meinen Bauch ... Ich mag, dass ich eine tolle Fußballspielerin bin, ein Mathegenie, gut backen kann ...
Lege die Liste dahin, wo du sie gut sehen kannst, oder habe sie im Handy. Schaue sie dir jeden Tag an und ergänze sie, wenn dir etwas Tolles widerfährt, du ein Kompliment bekommst oder dir etwas gut gelingt. Das stärkt das Selbstbewusstsein.

WIEDERHOLUNGSTRICK

Denk dir eine persönliche Selbstliebe-Formel aus. Etwa: *Ich finde mich super, so wie ich bin.* Oder: *Ich bin wertvoll.* Wiederhole diese Formel täglich, zum Beispiel morgens vor dem Spiegel und/oder vor dem Einschlafen. Der Trick: Durch die ständige Wiederholung brennt sich der Satz sozusagen im Unterbewusstsein ein. Du überzeugst dich selbst. Den Vorgang nennt man Affirmation (aus dem Lat. = eine bejahende Aussage). Die positive Wirkung setzt nach ein paar Wochen ein – am besten, du machst es zu einer lieben Gewohnheit.

WIE SIEHT DEINE SUPERFORMEL FÜR DICH AUS?

KÖRPERGEFÜHL

Ein anderer Weg, sich selbst zu lieben, ist, sich um seinen Körper zu kümmern. Mit einer guten Pflegeroutine und regelmäßiger Bewegung. Da muss jetzt kein Iron-Man-Training her. Manchen reicht eine Runde auf dem Fahrrad, eine Basketballsession oder Choreos auf TikTok. Achte auch darauf, dass du ausreichend schläfst, viel Wasser trinkst und dich gut ernährst. Your body is your temple!

SELF-DATING!

Hab eine Verabredung nur mit dir und mach es dir so richtig schön. Brezel dich auf, koch etwas Besonderes, deck den Tisch und zünde dir eine Kerze an. Und dann genieß den Abend nur mit dir selbst. Mach dir ganz bewusst eine gute Zeit und sorge für gute Momente, die du ganz allein nur für dich geschaffen hast.

So komisch es klingt: Selbstliebe hat auch etwas damit zu tun, ob du dir selbst etwas Gutes tun kannst. Viele Menschen stellen ihre eigenen Bedürfnisse häufig zurück, weil sie sich den Bedürfnissen anderer unterordnen. Doch an diesem Punkt soll es nur um dich gehen! Erster Schritt: Nimm dir Zeit für dich und überlege, was du gerne tun möchtest. Das können kleine Dinge sein, wie das nächste Level von deinem Lieblingsgame erklimmen oder endlich dieses eine spannende Buch zu Ende lesen. Vielleicht kitzelt dich auch die Kreativität und du hast dich bisher nicht getraut, sie rauszulassen? Komm schon, komponiere ein Lied, schreib einen Text, male ein Bild. Nicht umsonst haben unzählige Künstlerinnen und Künstler aus ihrem Liebeskummer große Kraft geschöpft und mit ihren Werken, die daraus entstanden sind, enorme Erfolge gefeiert. Von Goethe (»Die Leiden des jungen Werther«) über Billie Eilish (»I love you«) bis hin zur britischen Künstlerin Tracey Emin, die auf die Idee kam, ihr zerwühltes Bett auszustellen, in dem sie nach einer schmerzhaften Trennung mehrere Tage verbrachte. Das Werk wurde zu ihrem großen Durchbruch und war sogar für den renommierten Turner Prize nominiert. Star Wars Ikone Carrie Fisher fasste es einmal großartig zusammen: »Take your broken heart and make it into art« (Nimm dein gebrochenes Herz und verwandle es in Kunst).

Vielleicht hast du aber auch einen lang gehegten Wunsch, den du endlich in die Tat umsetzen möchtest? Träumst du von Neuseeland? Bewerbe dich um ein »Working Holiday Visa«! Tu das, was dir guttut, was dich voranbringt. Deine Ex-Liebe fand deine Idee mit dem YouTube-Channel lächerlich? Jetzt erst recht! Genieße das Gefühl, dass du bei deinen Plänen an keinen Partner bzw. keine Partnerin gebunden bist.

Wie sehen deine Träume aus? Schreib sie gleich auf der nächsten Seite auf, sonst zerrinnen sie wie Träume nach einer Nacht.

———

Die Selbstliebe zu stärken ist ein Prozess. Sei geduldig mit dir und milde, wenn es dir am Anfang schwerfallen sollte, dich um dich selbst zu kümmern. Und ja, selbst kleinste Schritte darfst du mit innerem Applaus feiern. Dein/e Ex ist schon ein bisschen in die Ferne gerückt, doch *autsch!* – kaum denkst du an ihn/sie, sind die blöden Stiche im Herzen wieder da. Aber das ist ja auch klar. Ihr wart miteinander verbunden und du hast diese wundervollen Erinnerungen, die jedes Mal wie kleine Filmchen vor deinem inneren Auge ablaufen, wenn du an die Ex-Liebe denkst. Aber vielleicht bekommen diese Erinnerungen mit der Zeit eine andere Bedeutung. Du hebst sie dann nicht mehr in der Schublade mit der Aufschrift »Ich will dich zurück!« auf. Sie landen in der Schublade mit der Aufschrift »Schöne Momente«. Es macht dich zwar hin und wieder noch ein bisschen traurig, wenn du an die gemeinsame Zeit denkst, aber es ist ein nostalgischer Schmerz. Eine Wehmut. Nicht weniger, nicht mehr. Und das ist gut so, denn der/die andere verliert mehr und mehr seine Macht über dich. Mit jedem Stückchen, das die Ex-Liebe weiter wegrückt, wirst du unabhängiger. Die Filme deiner Erinnerung verblassen mehr und mehr.

Und mit dem Verlust von Farbe verlieren sie an Kraft.

Dein Kopf wird freier. Neue Gedanken ziehen bei dir ein: *Wieso habe ich nicht gemerkt, dass da etwas nicht stimmte zwischen uns? Was will ich beim nächsten Mal*

anders machen? Und was brauche ich wirklich in einer
Beziehung?

Ah! Erste Zukunftsgedanken! Herzlich willkommen!
Immer hereinspaziert. Machen Sie es sich gemütlich
und halten Sie sich fest! Ab jetzt geht es nur noch in eine
Richtung: Richtung Zukunft!

BESINNUNG

»Auf einmal merke ich, dass
ganz andere Leute zu mir
passen und mir ganz andere
Sachen guttun.«

Eva-Maria Zurhorst

Gerade noch Euphorie, jetzt wieder der Blues. Irgendwie dachtest du, du seist schon weiter, aber heute ist es wieder schwer.

Das mit der inneren Inventur ist ja alles schön und gut, aber in dir regt sich ein kleines bisschen Widerstand. Es will dir nicht so richtig in den Kopf. *Warum musst DU jetzt die Psycho-Arbeit leisten? Hast DU dich benommen wie ein Arsch? Hast DU aus heiterem Himmel Schluss gemacht? Hast DU danach den Kontakt abgebrochen und warst für keine Erklärung zu haben? Nein, nein und nochmals nein. Deine Ex-Liebe sollte mal lieber selbst gucken, was da zwischenmenschlich zu optimieren wäre!*

Aber auch wenn die Bockigkeit aufblitzt ... Wenn du ehrlich bist – nur ganz leise zu dir selbst – also, wenn du ganz, ganz ehrlich bist, dann ahnst du, dass da etwas dran ist. Denn egal, wie gemein deine Ex-Liebe war. Es geht hier nicht darum, jemanden zu bestrafen. Es geht darum, sich weiterzuentwickeln. Du willst den Schmerz überwinden und wachsen? Dann tue es! Der oder die andere will es nicht? *Dann soll er/sie doch auf dem emotionalen Reifegrad eines trotzigen Kleinkindes bleiben! Ha!*

Wenn wir am Boden liegen, wünschen wir uns manchmal nichts sehnlicher, als dass uns unsere große Liebe behutsam aufhebt und liebevoll sagt: »*Mach dir keine Sorgen, alles wird gut.*« Aber so läuft es nicht. Es wird kein Ritter, keine Prinzessin auf einem Pferd angaloppiert kommen und dich retten. Sich von diesem Bild zu verabschieden fällt schwer. Warum bloß? Du bist schließlich ein moderner, weltoffener Mensch. Aber irgendwie sind viele von uns in diese Richtung geprägt worden. Und dann denkt man eben doch, mit dem richtigen Partner bzw. der richtigen Partnerin kommt das große Happy End.

Nö.

Das ist allein dein Job.

Und alles beginnt mit der Selbstliebe.

Okay, okay.

Es lohnt sich, du wirst sehen. Auch wenn es sich anfangs anfühlt, als ob man auf der falschen Straßenseite fahren würde. Sich aus der gewohnten Spur zu wagen ist erst mal ungewohnt. Da ist Geduld gefragt.

Du hast schon ein paar Übungen kennengelernt, die dir helfen können, dich besser anzunehmen und deine Selbstliebe zu stärken. Aber eine wichtige Komponente fehlt noch. Und die heißt: die eigenen Gefühle spüren. Was bedeutet das? Es bedeutet, dass du versuchst, in Verbindung mit dir selbst zu kommen und zu gucken: *Wie geht es mir wirklich?* Denn nur wer sich selbst spürt und seine Bedürfnisse erkennt, kann auch gut für sich sorgen. Paarberaterin **Eva-Maria Zurhorst** hat zum Thema Selbstliebe viele Bücher geschrieben. Sie ist Spezialistin, wenn es darum geht, sich selbst zu spüren.

Warum ist es so wichtig, Kontakt mit seinen Gefühlen aufzunehmen?

Weil wir keine Navigation haben, wenn wir nicht fühlen, was wir fühlen. Unsere Gefühle sagen uns: Das hier ist gut für dich und das nicht. Sie zeigen uns unsere innere Wahrheit und führen uns in Beziehungen und bei Entscheidungen. Wenn wir uns von unseren Gefühlen abschneiden, dann verlieren wir uns in den anderen.

Und wie komme ich ins Fühlen?

Im Alltag, vor allem aber in Begegnungen mit anderen immer mal wieder kurz in den Körper hineinhorchen und gucken: Was fühle ich gerade? Was ist da wirklich in mir los? Am Anfang ist das erst mal ungewohnt und braucht Übung, aber irgendwann sollte es zu einer festen Gewohnheit werden. Ein gutes Mittel, um ins Fühlen zu kommen, ist auch die Meditation.

Warum die Meditation?

Die Meditation hilft mir, mal von da draußen und den anderen loszulassen, denn das ist alles am Ende nur wie der Bildschirm meines Computers, auf dem ich sehe, welche Programme ich auf meiner inneren emotionalen Festplatte habe. Wenn in mir Programme laufen, die mich in Beziehungen immer wieder ins Unglück stürzen, dann kann ich mich im Alltag noch so bemühen – es wird mir so wenig nutzen wie der Ärger über das, was ich auf meinem Computerbildschirm sehe. Änderung kommt nur durch Updates auf der Festplatte. Und für die kann nur ich selbst und nur in mir selbst sorgen. Die Meditation bringt mich genau dahin: auf die Ebene meiner Festplatte – in mein Unterbewusstsein.

Wie sieht so eine Meditation aus?

Bei der Meditation, die ich jungen Menschen zeige, werde ich still und fange an, zwei Dinge zu tun. Das eine ist, in der Stille wahrzunehmen, was da so alles in mir, in meinen Gefühlen und in meinem Körper geschieht – das ist am Anfang oft eine ziemliche Überraschung, mich selbst wirklich zu erleben. Aber dann lerne ich langsam die Sprache meines Körpers und die meiner Gefühle kennen, lerne, mich auch Ängsten und Unsicherheit liebevoll zuzuwenden.

116

Ich nenne das immer ein Date mit mir selbst. Ich merke, was in mir los ist, lerne mich kennen und sogar zu lieben. Ich fange an, die Beziehung zu mir aufzubauen, die ich mir von anderen so sehr wünsche. Von da aus kann ich im nächsten Schritt in aller Stille neue Gefühle und neue Glaubenssätze entwickeln und damit neue Programme schreiben. Ich beginne in der Meditation, mich wie ein innerer Regisseur auf eine neue Welt auszurichten. Mich zu fragen, wie fühlt sich denn eigentlich Beziehung gut an? Mich einzutunen und mal zu spüren, wie es sich anfühlt, wenn es richtig schön wäre. So lernen Körper und Gehirn neue Erfahrungen kennen, meine emotionale Festplatte bekommt Updates und kann langsam auch da draußen im Alltagsleben neue Erfahrungen zulassen.

Ich programmiere mich um?

Ja. Mein Gehirn kann nicht unterscheiden, ob ich im Kino eine Liebesszene sehe, die alles in mir zum Schwelgen bringt, oder ob ich mich innerlich in meiner Vorstellungswelt in einen guten Zustand hineinversetze oder ob ich in der Realität gerade tatsächlich verliebt bin. Egal, was dafür sorgt, dass ich ein Gefühl lebendig fühle, für mein inneres System, mein Gehirn, meine Biochemie ist es ein und dasselbe. Wenn ich mich also langsam in eine für mich gesunde Beziehungswelt hineinfühle, dann entspanne ich mich, lerne, mich selbst anzunehmen, erlebe Verbundenheit, empfinde Glücksgefühle und mich selbst als liebenswert. Ich werde immer klarer mit dem, was ich brauche. Und wenn das mein Gehirn immer und immer wieder tun kann, dann werden diese alten Welten überschrieben und meine Automatismen durchbrochen. Und das hat Auswirkungen auf mein ganzes System. Meine Ausstrahlung und auch die Reaktionen anderer auf mich verändern sich.

Was macht diese innere Kontaktaufnahme mit mir?
Dass ich wieder Boden unter den Füßen kriege. Ich bin hier und jetzt da und nicht weggebeamt. Fast alle werden merken, dass sie viel intensiver wahrnehmen und mehr fühlen als vorher, und dass sie viel berührbarer, aber eben auch verletzlicher sind. Und wenn ich das erst mal mitgekriegt habe, dann gehe ich vielleicht langsamer an Sachen ran, mache nicht überstürzt mit jemandem rum. Auf einmal merke ich, dass im Zweifel ganz andere Leute zu mir passen und mir ganz andere Sachen guttun. Was erst mal ein bisschen komisch ist, denn vielleicht ist es gar nicht die Obergranate oder der unfassbar coole Typ, den ich vorher so umwerfend fand. Aber die Chance wird deutlich größer, dass mit dem Menschen, den ich dann anziehe, mein Leben schön wird, und die Chance, dass ich nicht so krass verletzt werde, auch.

Das heißt: Je mehr ich mich spüre, desto eher erkenne ich, wer zu mir passt?
Absolut. Je mehr ich mich fühle, desto bewusster gehe ich auf Menschen zu. Und je klarer ich mit mir und mei-

nen Bedürfnissen bin, desto mehr treffe ich auf neue Menschen, mit denen alles leichter ist. Nicht leichter in dem Sinne, dass es so easy schneasy geht, sondern dass es besser passt. Es klickt besser ein.

———————————

Eva-Maria Zurhorst gehört zu den erfolgreichsten Paarberaterinnen in Deutschland. Begleitend zu dem Buch »Wenn ich mich nicht liebe, wie soll mich jemand anders lieben?«, das sie gemeinsam mit ihrer Tochter Annalena Zurhorst geschrieben hat, entwickelte sie ein Meditationsprogramm für junge Frauen (www.zurhorstundzurhorst.com). Auf YouTube hostet sie zusammen mit ihrem Mann Wolfram Zurhorst einen Podcast rund um das Thema Partnerschaft.

———————————

Die Theorie wird zur Praxis. Du hast schon viel gelernt über dich. Du hast dir Gedanken gemacht, bist in deine Seele hinabgetaucht, hast entrümpelt und vielleicht auch ein paar Schätze entdeckt. Und nun kannst du einen Schritt weiter gehen und vom Denken ins Handeln kommen. Das bedeutet, aktiv dafür zu sorgen, dich zu spüren, dich kennen- und lieben zu lernen. Nimm wahr, was du fühlst.

Wenn du erst mal weißt, was du fühlst, kannst du auch dein Handeln danach ausrichten. Du äußerst, was du willst, was du brauchst, wie deine Sehnsüchte aussehen. Und kommunizierst, was du nicht willst, was dir nicht guttut. Das ist übrigens genauso wichtig.

Und das hilft dir nicht nur in der Liebe, das hilft im Umgang mit anderen Menschen, in der Schule, an der Uni, im Job, beim Sex. Dahin zu kommen, ist eine Aufgabe. Einer der wichtigsten Schritte in deiner persönlichen Entwicklung.

Auch für deine zukünftigen Partnerwahl ist das extrem wertvoll. Denn wenn du in Kontakt mit dir trittst, wird das Konsequenzen haben. Du wirst deine Bedürfnisse erkennen und danach vielleicht andere Menschen anziehen als bisher.

Das Tolle: Du kannst nicht nur lernen, dich zu spüren, sondern auch, dich von alten Mustern zu lösen, mit denen du früher bedruckt wurdest. Du hast die Chance, dich neu zu beschreiben. Ist das nicht wundervoll?

Glaubenssätze – innere Überzeugungen, die du im Laufe deines Lebens als Wahrheit für dich entwickelt hast – können neu formuliert werden. Aus einem »Ich bin nicht gut genug« kann ein »Ich bin liebenswert« werden.

Ein Seelen-Make-over.

Allerdings nützt alles nichts, wenn du deine innere Schönheit nicht nach außen trägst.

Du musst also wieder mal mutig sein. Du musst wagen, dich so zu geben, wie du bist. Die Königsdisziplin in Sachen Mut. Zeige deine Farben, egal ob sie schrill in Neon daherkommen oder du eher der Fifty-Shades-of-Grau-Typ bist.

Wer es wagt, sich zu zeigen, wie er wirklich ist – der wird belohnt. Mit wahren Begegnungen. Denn wenn du wahrhaftig bist, wirst du auch von den Menschen erkannt und gefunden, die genau eine Person suchen, wie du sie bist.

Aus einer Verbindung mit jemandem, der dich wirklich sieht und bei dem du echt sein kannst, wird eine innige Beziehung wachsen. Bereichernd, warm und liebevoll. Merkst du was? Wir sind in der Zukunft angekommen. Hier wird schon von einer neuen Liebe gesprochen. Aber eines ist klar, eine mögliche neue Partnerschaft spielt an dieser Stelle eine untergeordnete Rolle. Denn jetzt soll es erst mal dir gut gehen. Lass einfach laufen und konzentriere dich auf dich.

MEDITATION

Eine gute Art, sich auf sich zu besinnen, ist die Meditation. Vielleicht hast du es schon mal ausprobiert, zum Abschluss eines Sportkurses beispielsweise, vielleicht ist das aber auch absolutes Neuland für dich. Durch Meditation kannst du entspannen, abschalten, Stress und Alltag hinter dir lassen. Sie kann dazu dienen, dich mit dir selbst zu connecten. Oder du betrittst mithilfe der Meditation spirituelle Wege.

Wer meditiert, kann achtsamer mit sich werden, seine Konzentration lenken lernen, aber auch Ängste oder Schlafstörungen in den Griff bekommen. Es gibt lange Meditationen, es gibt kurze. Manche sind mit Musik und manche ohne. Auf YouTube findest du unzählige Videos mit Anleitungen zu diesem Thema, die auch ganz unterschiedliche Geschmäcker ansprechen. Wenn das für dich gut klingt, dann probiere es doch mal aus.

KLEINE EINSTIEGSMEDITATION

Mach dir ruhige Musik an, wenn du magst. Leg dich auf den Rücken, lass Arme, Beine und deinen Kiefer locker und konzentriere dich nur auf deine Atmung. Im Geist kannst du dir langsam sagen: Ich atme ein (parallel atmest du langsam tief ein), ich atme aus (parallel atmest du langsam aus), ich atme ein …

Wenn ein Gedanke aufpoppt, nimm ihn wahr und lass ihn dann einfach weiterziehen wie ein Luftballon, der zum Himmel schwebt. Beginne dann wieder mit dem innerlichen »Ich atme ein, ich atme aus«. Sinke gedanklich tief in den Boden ein und mach dich schwer. Nimm dabei deinen Körper wahr. Du kannst an den Füßen beginnen und langsam durch deinen Körper wandern. Fühlst du Spannungen, Wärme oder den sprichwörtlichen Kloß im Hals? Erlebe dich und beobachte, ohne das, was du spürst, zu bewerten. Bevor du nach ein paar Minuten wiederauftauchst, spanne all deine Muskeln im Körper richtig fest an und lasse dann auf einmal los. Wiederhole das drei Mal. Bleibe dann noch einen Moment liegen, spüre nach und genieße deinen freien Geist.

Zunächst wird es dir vielleicht ein bisschen schwerfallen, dich zu entspannen. Es fühlt sich möglicherweise erst mal komisch an.

Jetzt liege ich hier ... da juckt was ... meine Füße sind kalt ... ob ich eine Decke brauche? ... Wie viele Minuten noch?

Du bist zappelig. Die Gedanken sind überall, nur nicht im Hier und Jetzt. Aber wenn du dich drauf einlässt, kehrt nach einiger Zeit Ruhe ein, du wirst sehen. Du lässt dich fallen. Du bist nicht mehr hier, sondern an einem anderen, wunderschönen Ort. Genieße ...

Wem diese Erfahrung gut gefällt, der kann sich eine Meditations-App runterladen. Darin gibt es täglich Achtsamkeitsübungen und Meditationen. Die Basisversionen sind oft kostenlos. Und je mehr Übung du darin bekommst, desto mehr kannst du den Zustand genießen, desto mehr schenkt dir die Meditation. Vielleicht wird sie zu einem festen Ritual. Vielleicht hilft sie dir auch einfach dann, wenn du dich mal von allem wegbeamen möchtest.

Still rumliegen ist nicht dein Ding?

Hey, kein Problem. Natürlich gibt es auch andere Wege, in sich hineinzuhorchen und -zuspüren. Manche können das sehr gut beim Ausdauersport. Zum Beispiel beim Joggen, Fahrradfahren oder beim Schwimmen. Da hat man irgendwann einen Rhythmus, die Bewegungen vollziehen sich automatisch und dann können Gedanken wunderbar fließen. Andere bevorzugen Spaziergänge in der Natur, wo viel Raum für Gedankenspiele und Selbsterfahrung ist. Kreative Menschen kommen vielleicht eher mit ihren Gefühlen in Kontakt, wenn sie schreiben, Musik machen, tanzen oder malen. Es gibt da nicht nur diesen einen Weg. Es gibt unendlich viele. Wichtig ist dabei nur, dass du dir Zeit für dich nimmst, dass du ehrlich zu dir bist und deine Gefühle immer wieder checkst. So entdeckst du deine innere Stimme und lernst, ihr zuzuhören.

WISSEN FÜR NERDS:
WIE FÜHLEN WIR? UND WARUM GIBT ES KEINE SCHLECHTEN GEFÜHLE?

Dass wir in der Lage sind zu fühlen, dafür sind etwa 100 Milliarden Nervenzellen im Gehirn verantwortlich, die über Synapsen miteinander verbunden sind. Eine Nervenzelle kann bis zu 10.000 Verbindungen zu anderen Nervenzellen aufbauen. Alles, was wir erfahren, wird im Gehirn abgespeichert. Unser Körper erlebt, wie sich was wo anfühlt, und dann werden Nervenbahnen angelegt, die wie Straßen ins Gefühlszentrum führen.[6] Das Gehirn ist die Schaltzentrale unseres Nervensystems. Die Entwicklung beginnt schon in der 3. Schwangerschaftswoche im Mutterleib. Erst mit Ende 20 ist sie abgeschlossen. Aber auch danach ist das Gehirn ein anpassungsfähiges und lernfähiges Organ. Wenn wir gelernt haben zu fühlen, unterscheiden wir: Was fühlt sich gut an? Was nicht? Wissenschaftlich betrachtet gibt es übrigens keine negativen Gefühle, denn schaut man sich seine Gefühle genauer an, haben sie alle eine bestimmte Funktion, die evolutionär begründet ist. Unangenehme Gefühle wie Angst, Wut, Ekel oder Trauer sichern das Überleben. Durch sie können wir zum Beispiel gefährliche Situationen erkennen oder Freunde und Feinde unterscheiden. Wichtig: Kein Gefühl ist von Dauer, auch wenn man sich das manchmal kaum vorstellen kann. Vertraue darauf.

RÜCKBLICK

Wenn du jetzt an deine Beziehung zurückdenkst, dann fragst du dich vielleicht, warum du die Risse nicht bemerkt hast, die zum Bruch führten. Warst du buchstäblich blind vor Liebe? Oder bist du konfliktscheu und hast unbewusst die Warnzeichen ignoriert? *Wieso? Die Trennung kam aus heiterem Himmel. Wir waren doch so glücklich!*

Wirklich? Wart ihr das?

Denk noch mal nach. Horche in dich hinein.

Es gab bestimmt gute Zeiten, aber richtig glücklich war deine Ex-Liebe am Ende vermutlich nicht mehr. Das heißt jetzt nicht, dass das Scheitern der Beziehung deine Schuld war. No, no, no! Aber um Schuld geht es hier auch gar nicht. Es bedeutet nur, dass nicht alles auf dem Tisch lag. Und ja, vielleicht war er/sie zu feige, das anzusprechen, was ihn/sie gestört hat. Vielleicht hat er/sie sich nicht getraut, aus ganz bestimmten Gründen.

Wenn uns jemand in einer Beziehung verletzt, dann passiert das mit großer Wahrscheinlichkeit nicht etwa aus Vorsatz, sondern weil diese Person selbst Defizite hat. Das sind vielleicht andere Defizite als bei dir, aber jeder von uns hat welche. Wenn er/sie beispielsweise schlecht im Kommunizieren ist und unangenehme Gefühle nicht ansprechen mag, dann kann es leider passieren, dass jemand scheinbar von heute auf morgen innerlich zusammenbricht, nicht mehr weiterweiß und geht. Und du denkst: *What?*

Auch deine Ex-Liebe hat mit inneren Dämonen zu kämpfen. Genau wie du. Vielleicht gelingt es dir in Zukunft auch, bei dem/der anderen Defizite als solche zu erkennen und mit ihnen verständnisvoller umzugehen. Unter Umständen ist es dir irgendwann sogar möglich, deiner Ex-Liebe zu vergeben. Das geht, wenn du verstehst: Der andere wollte dir nicht mit Absicht wehtun. Er/sie war nur nicht besser ausgestattet.

Vergeben ist natürlich ein großes Wort. Da ist jemand auf deinem Herzen rumgetrampelt. *Und du sollst das vergeben! Pfff! Niemals!* Ja, das ist in dieser Situation viel verlangt, aber mit Groll im Herzen durchs Leben zu gehen ist nicht gerade optimal. Und bedenke: Vergeben heißt auch loslassen. Du kappst die letzte Verbindung zu deiner Ex-Liebe. *Hurra!* Solange du einen Groll hegst, bleibt ein Draht bestehen. Und der pikst dich immer und immer und immer. Dieser nervige Piks bedeutet, dass der oder die andere immer noch Macht hat über dich. Und für zukünftige Beziehungen ist das reines Gift. Willst du das? Wenn du es irgendwann schaffst, dem oder der anderen zu vergeben, so richtig von Herzen, dann kannst du ihn/sie endgültig rausschmeißen aus deinem System.

Und damit bist du endlich frei![7]

Heißt das, ich soll in Zukunft einfach so hinnehmen, wenn es schlecht läuft und mein Partner bzw. meine Partnerin mich mit seinen/ihren Macken immer wieder verletzt? Nein. Wenn dich in einer Beziehung etwas stört oder dich sogar quält, dann musst du antreten und es sagen. Auch wenn das manchmal schwer ist. Aber nur so kannst du dem anderen die Chance geben, etwas zu ändern. Wie viel Geduld du dabei an den Tag legst, liegt an dir. Wenn du immer wieder gegen eine Wand bretterst, soll es vielleicht nicht sein. Und sollte sogar seelische oder physische Gewalt auftreten, gibt es keine Toleranz.

Natürlich kann es passieren, dass ihr euch an bestimmten Punkten immer wieder aufreibt, obwohl ihr beide eure Defizite erkannt und Besserung geschworen habt. Besonders schwierig wird es, wenn du schon angefangen hast, an dir zu arbeiten, und der/die andere sich null bewegt. Dann musst du überlegen, ob du mit dem Thema leben kannst oder nicht. Denn du wirst den anderen nicht zur Veränderung zwingen können. Du bist nicht für seine/ihre Rettung verantwortlich. Das kann, du weißt es inzwischen, nur jede und jeder für sich selbst tun.

Wenn ein Anliegen, das dir extrem wichtig ist, oder deine Bedürfnisse ignoriert, klein gemacht oder sogar verhöhnt werden, dann wird das nichts mehr. Dann kannst du dir mit schwerem Herzen, aber reinem Gewissen sagen: *Ich habe es versucht. Zeit zu gehen.*

DA WAR DOCH NOCH WAS ...

Was fühlst du jetzt? Halte inne, schließe die Augen und spüre mal nach. Atme für ein paar Atemzüge tief in den Bauch hinein. Alle Emotionen sind okay.

Erinnerst du dich an den kleinen Fragebogen im ersten Kapitel auf Seite 32? Seitdem du ihn bearbeitet hast, ist schon ein bisschen Zeit vergangen. Fülle ihn jetzt noch einmal aus. Und dann vergleiche die Antworten. Du wirst dich bestimmt wundern über die ein oder andere Antwort, die du vor einiger Zeit gegeben hast.

WIE GEHT ES DIR?

....

....

....

....

....

WANN HAST DU DAS LETZTE MAL MIT DEINER EX-LIEBE GESPROCHEN UND WIE HAST DU DICH DABEI GEFÜHLT?

IN WELCHEN SITUATIONEN MUSST DU AN DEINE EX-LIEBE DENKEN?

**AUF EINER SKALA VON
1** (NIEDRIG) **BIS 10** (EXTREM) –
**WIE HOCH BEWERTEST DU
DEN SCHMERZ, DEN DU JETZT
VERSPÜRST, WENN DU AN
DEINE EX-LIEBE DENKST?**

① ● ● ● ● ● ● ● ● ⑩

**IN PROZENT, WIE GROSS WAR DEIN
ANTEIL AN DER TRENNUNG?**

**WAS LIEF DEINER MEINUNG NACH
ALLES GUT IN DER BEZIEHUNG?**

WAS LIEF NICHT SO GUT?

WAS HAST DU AN DEINER EX-LIEBE GELIEBT?

WAS HAT DICH GESTÖRT?

WIE SEHR WÜNSCHST DU DIR, DASS IHR WIEDER ZUSAMMENKOMMT?

WANN HAST DU DAS LETZTE MAL GELACHT?

. . . .

. . . .

. . . .

WEISST DU NOCH, WARUM?

. . . .

. . . .

. . . .

. . . .

. . . .

. . . .

. . . .

Wo stehst du heute? Wirst du immer noch vom Schmerz überwältigt? Oder hast du ihn einigermaßen im Griff? Eventuell geht es dir jetzt sogar schon so gut, dass der Gedanke an deine Ex-Liebe dich nur noch ein klitzekleines bisschen berührt.

Wichtig ist nur, dass du ehrlich zu dir bist. Das hier ist kein Wettbewerb. Du musst dich noch nicht supi fühlen und alle davon überzeugen, wie lässig du deine Trennung weggesteckt hast. Manchmal braucht es eben Zeit.

Für den Schmerz gibt es keine Timeline. Einige trauern Tage oder Wochen, andere Monate oder sogar Jahre.

Das hängt auch von der Form der Beziehung ab, die da war. Und auf die Art der Liebe. Es gibt lange Beziehungen, die sich nach und nach ausschleichen, bei denen ein Ende absehbar ist. Und wenn der Schlussstrich gezogen wird, tut es nur noch kurz weh. Dann gibt es Beziehungen, da weiß man gar nicht, was das eigentlich ist. Vielleicht werden darin die berühmten drei Worte »Ich liebe dich« gar nicht ausgesprochen. Und trotzdem, verdammt, nimmt einen das Ende dieser komplizierten Affäre mehr mit als alles andere. Weil da so eine noch nie da gewesene Verbundenheit war. Es gibt unzählige Arten von Beziehungen. Niemand außer dir kann diese Verbindung begreifen. Und deswegen darf auch niemand die Größe oder die Dauer deines Liebeskummers bewerten. Nur du.

Auch wenn du dich nicht mehr ganz so elend fühlst – das Thema Liebe ist für dich erst mal durch. *Ich habe alles gegeben. Alles! Und dann wurde ich so hintergangen. Das war dieser eine Mensch, dem ich hundert Prozent vertraut habe. Für diesen Menschen wäre ich gestorben. Nie wieder will ich diesen Schmerz spüren.*

Du weißt zwar inzwischen, dass da auch deine eigenen Themen mitschwingen, aber trotzdem: Du kannst dir nicht vorstellen, dass das jemals wieder klappen kann mit den ganz großen Gefühlen. Und Vertrauen? *Never again.* Und du hast recht, so etwas funktioniert auch nicht so einfach von heute auf morgen. Es wird ein bisschen dauern. Aber es geht, auch wenn es gerade unmöglich scheint.

Der Schmerz, den du durch diese Erfahrung erleidest, der hat etwas Gutes. Und deshalb ist es auch so wichtig, die Qualen nicht wegzudrücken, sondern sich da durchzukämpfen.

Zu wissen, dass es diesen Schmerz gibt, wird dein Verhalten in Zukunft ändern. Du wirst vorsichtiger, vielleicht auch misstrauischer, du wirst in allem langsamer. Dieser Schmerz ist wie eine positive Bremse. Er kann dich vor weiteren harten Aufschlägen bewahren. Indem er dein Tempo drosselt. Und das ist gut so. Lass dir Zeit, geh weiter in der Geschwindigkeit, die sich gut für dich anfühlt. Lerne jemanden richtig kennen, bevor du dich fallen lässt. Und versuche auf deine innere Stimme zu hören.

Jemandem wieder richtig zu vertrauen wird eine Weile dauern. Da kann dein Gegenüber noch so oft sagen »Du kannst mir vertrauen« – du musst es fühlen. Manchmal *will* man es fühlen. Das ist ein Unterschied. Besonders in der ersten Phase der Verliebtheit sind wir geradezu trunken vor Liebe, da spielen auch körperliche Prozesse mit rein, wie zum Beispiel Hormone. Versuche, das Ganze möglichst nüchtern zu betrachten und sachlich zu unterscheiden. Du hast jedes Recht, dir für das Thema Vertrauensaufbau die Zeit zu nehmen, die du brauchst.

Es ist völlig klar, dass du erst mal keinen Bock mehr auf so eine Scheißerfahrung hast. Aber sie wird dir so nicht mehr passieren, wenn du die Dinge berücksichtigst, die du jetzt weißt. Du hast etwas über dich gelernt, du hast auch gelernt, dass es bei deinem Gegenüber verborgene Baustellen geben kann. Und die zu entdecken dauert eben ein wenig. Im Grunde geht es bei der Partnersuche nicht darum, jemanden zu finden, der keine Macken hat. Das gibt es nicht. Es geht darum, jemanden zu finden, dessen Macken du gut erträgen kannst, mit denen du gut umgehen kannst. Umgekehrt gilt das natürlich auch. Und wer weiß? Vielleicht triffst du auch irgendwann einen Menschen, den du so richtig gut verstehst. Weil er oder sie ganz ähnliche Dinge erlebt hat wie du, ähnlich geprägt wurde und Themen hat, die in die gleiche Richtung gehen. Und daraus könnt ihr ein großes Verständnis füreinander entwickeln. Das ist sehr wertvoll.

Sieh den Liebeskummer als wichtige Erfahrung
und lerne ihn zu schätzen. Wenn du es einmal durch
diesen großen Schmerz geschafft hast,

geweint,

geschrien,

gelitten,

gehungert,

gefressen

hast – dann schaffst du alles andere in der Welt!
Probleme jeglicher Art werden dir nicht mehr so groß
vorkommen. Denn du hast den furchtbarsten Schmerz
überwunden. Schlimmer ist nur der Tod. Dieser
Schmerz formt dich. Du bist durch ihn weiser und stärker. Er macht dich zu einem Krieger oder einer Kriege-
rin. Du kannst es in diesem Moment noch nicht so recht
glauben, aber dieser Schmerz wird sich in eine große
Kraft verwandeln. Und diese Kraft wird dich noch oft im
Leben tragen.

Wenn du dir das alles hier ein wenig angeschaut hast,
dann konntest du ein paar Tools kennenlernen, die dir
helfen. Nutze sie. Wenn nicht jetzt, dann irgendwann
bald. Es wird dich voranbringen.

Vielleicht hatte die Beziehung mit deiner Ex-Liebe einen so besonderen Zauber, dass du sehr lange trauerst
und nicht loslassen magst, aus Angst, dass dir so etwas
Großartiges nie wieder begegnet. Aber bitte glaube daran, dass auch einer neuen Begegnung eine Magie in-
newohnen kann. Die Farbe des Glitzerstaubs mag eine

andere sein, aber der Glitzerstaub wird seine Wirkung erneut entfalten und dich wieder verzaubern.

Natürlich ist es auch völlig in Ordnung, wenn du Single bleibst. Ganz bewusst.

Egal für welchen Weg du dich entscheidest – genieße die Schritte, die jetzt kommen. Du hast in letzter Zeit viel über dich nachgedacht, hast dich intensiv mit dir beschäftigt. Du fühlst dich aufgeräumter. Ja, du hast für Ordnung gesorgt und auch dort gefegt, wo massiv Staub lag. Herrlich! So hast du dich schon lange nicht mehr gefühlt. Lass dich fallen in dieses wundervolle Gefühl der Erneuerung. Ja, feiere dich! Da ist Licht am Ende des Tunnels. Und dieses Licht, das hast du dir selbst angeknipst. Genieße deine neu gewonnene Kraft.

ANFANG

»Das, was mir ein Mensch in den ersten vier bis sechs Wochen zeigt – das ist das Beste, was er anzubieten hat.«

Nina Deißler

Ich habe das ganze Wochenende nicht geweint.
Und mit den anderen mal wieder feiern zu gehen, war echt schön. Dieser Tag kommt. Und vielleicht war er auch schon da? Dieser Tag, an dem du innehältst und erstaunt feststellst, dass du ein Stück weit zurück bist. Zurück im Leben. Ein Leben, in dem wieder Raum ist für Lachen und Freude.

Du wirst merken, dass sich etwas geändert hat. Der Schmerz klopft nicht mehr täglich an und du spürst wenigstens ab und zu wieder so etwas wie Spaß. Bedeutet das, dass deine Ex-Liebe abgehakt ist? Nein, so einfach lässt sich das nicht abschütteln. Diese Erfahrung wird noch eine ganze Weile durch deine Gehirngänge geistern. Aber du hast dich mit deinem Schmerz beschäftigt, hast ihn durchlitten. Die dunkelsten Stunden liegen hinter dir. Und weißt du was? Du hast überlebt. Etwas, was du am Anfang nicht für möglich gehalten hättest.

Sei stolz auf dich.

Vielleicht ist der Abstand zu deiner Ex-Liebe schon so groß, dass du ein bisschen besser weißt, warum es zu Ende ging. Vielleicht bist du noch mittendrin in dem Prozess des Begreifens. Und vielleicht gibt es auch immer noch viel Ungeklärtes. Aber es hat nicht mehr so viel Gewicht, es nagt nicht mehr an dir, denn du kommst auch so einigermaßen klar, konntest vieles mit dir selbst ausmachen. Das hast du jetzt gelernt, dass das möglich ist. Du bist nicht mehr angewiesen auf eine Entschuldigung oder eine Erklärung.

Dein Glück hängt nicht länger davon ab.

Und auch wenn du vieles von dem, was du gelernt hast, erst noch eine Weile mit dir rumschleppen, verdauen und einordnen musst – da ist diese Ahnung, dass etwas Gutes mit dir vor sich geht, eine Entwicklung. Und die macht dich unabhängiger von deiner Ex-Liebe und überhaupt von anderen Menschen.

Du bist angetreten, hast dich deinen Gefühlen gestellt. Vielleicht funktionierte nicht alles auf Anhieb, aber du arbeitest daran. Es braucht eben Zeit. Du hast etwas ganz Wunderbares angeschoben. Versuche, dabei zu bleiben, weiter deine innere Stimme zu entwickeln und auf sie zu hören. Sei wachsam und milde mit dir.

Alles, was du hier liest, ist ein Angebot. Du musst nichts davon tun. Aber vielleicht konnten die Zeilen einen Samen pflanzen. Irgendwo in dir. Und wenn die Zeit reif ist, wird daraus etwas wachsen. Irgendwann wirst du spüren, dass der Moment gekommen ist, dich mit dir auseinanderzusetzen.

Im besten Fall bist du gerade mitten in deinem Seelen-Make-over. Vielleicht hast du dir sogar schon ausgemalt, wie eine Liebesbeziehung in Zukunft für dich aussehen soll. Ganz unabhängig davon, wann es wieder passiert. Denn inzwischen kannst du den Gedanken an etwas Neues zumindest schon mal zulassen. Ja, die Liebe darf in deinem Leben bleiben. Denn du weißt jetzt, dass du die Mittel hast, den Herzschmerz zu bewältigen, falls es wieder so weit kommt. Das Wichtigste in diesem Prozess: Du hast gelernt, welche Bedeutung die Selbstliebe besitzt. Du hast begriffen, dass du an erster Stelle stehen und es dir gut gehen lassen darfst. Und vielleicht hast du es ja schon geschafft, in dieses wundervolle Gefühl der Selbstliebe einzutauchen und zu genießen. Zu lernen, sich selbst glücklich zu machen – das ist das größte Geschenk. Es mag nicht immer einfach sein, aber du hast diesen Prozess ja auch gerade erst begonnen. Wenn du da angekommen bist, rückt die Suche nach einer neuen Liebe vielleicht auch erst mal in den Hintergrund. Denn jemand anderen braucht es gar nicht, um glücklich zu sein. Einige wollen diesen Zustand sicher erst mal genießen und das Singledasein auskosten. Andere hingegen werden von der Neugier gekitzelt und würden ihre neu gewonnene Idee von der Liebe gerne ausprobieren – mit einer neuen Partnerschaft.

Wo stehst du?

Wenn du wieder Lust hast – auf eine kleine oder eine große Geschichte, dann überlegst du vielleicht, ob das schon wieder geht, ob das okay ist, sich wieder da rauszuwagen. Eine, die diese Frage beantworten kann, ist **Nina Deißler**. Sie ist Autorin und Dating-Coach.

Wie lange sollte man warten, bis man wieder in den Dating-Pool springt?

Da gibt es keine Faustformel, denn es hat tatsächlich auch etwas damit zu tun, wie lange ich mir Dinge zu Herzen nehme. Je eher du erkennst, warum du mit der Person zusammen warst und warum du mit der Person nicht mehr zusammen bist, und Letzteres auch akzeptierst und das loslassen kannst, desto eher bist du bereit für jemand Neuen. Jemand Neuen zu daten oder sogar eine Beziehung anzufangen, um sich vom vielleicht immer noch herrschenden Liebeskummer abzulenken, ist allerdings 'ne Scheißidee, weil man damit den anderen Menschen benutzt. Und das ist selten eine gute Grundlage für irgendwas.

Manche tun sich schwer damit, neue Menschen kennenzulernen. Was rätst du?

Was ich immer mitgebe, ist, dass wir den Menschen da draußen mit einem grundsätzlichen Wohlwollen und Verständnis begegnen. Alle Menschen haben ihre eigenen Bedürfnisse, ihre Wünsche, aber auch ihre Ängste und Blockaden. Wir dürfen nicht darauf warten, dass die anderen Dinge richtig machen, die wir uns nicht trauen. Wenn jemand mal grantig guckt, meint der nicht unbedingt dich, sondern ist vielleicht einfach in Gedanken. Ich empfehle, dass wir mit Milde durch die Welt gehen. In meinen Workshops gebe ich gern folgende Übung mit: Geh mal zehn Minuten durch die Stadt und betrachte die Menschen, die dir entgegenkommen, nur mit dem Gedanken: Ich sehe dich. Und schau mal, was das für einen Unterschied macht.

Wo lerne ich am besten jemanden kennen?

Gut funktioniert es bei Partys von Freunden. Bei Veranstaltungen, die nicht zu groß sind. Oder bei denen es um dieselben Interessen geht, weil man darüber leichter in Kontakt kommt. Es ist immer viel einfacher, wenn ich irgendwo bin, wo ich mit anderen etwas zusammen mache. Zum Beispiel auf Festivals, wo es auch Workshops oder Aktionen gibt.

Hat du eine Flirtgeheimwaffe?

Meine Flirtgeheimwaffe ist, dass ich jemanden anschaue und in meinem Kopf zu dieser Person spreche. Ich gucke also jemanden an und dann denke ich: Och, du bist ja süß! Dadurch entsteht ein Gesichtsausdruck und mein Gegenüber merkt: Ich bin irgendwie interessiert und offen. Und das macht was mit uns. Wir lernen von klein auf, Gesichter zu lesen und zu interpretieren. Und wir machen das unbewusst. Man kann das gut vor dem Spiegel ausprobieren oder mit dem Handy filmen. Wie sehe ich aus, wenn ich denke: *Ach, du Scheiße, was soll ich denn jetzt sagen?* Und wie sehe ich aus, wenn ich denke: *Also, du in meinem Bett, das würde mir gefallen.*

Viele haben Angst davor, im ersten Gespräch etwas Blödes zu sagen ...
Es gibt eine interessante Studie von der University of California, die besagt, dass unser erster Eindruck zu 93 Prozent aus unserer Gestik, Mimik, Haltung, dem Klang und der Melodie unserer Stimme besteht und aus den Dingen, die ich unbewusst transportiere. Und nur ungefähr sieben Prozent sind Inhalt – also das, was ich sage. Die meisten machen sich über diese sieben Prozent so viele Gedanken, dass sie sich die andern 93 Prozent damit ruinieren. Denn wenn ich mir den Kopf darüber zerbreche, was ich sagen soll, sehe ich verkrampft aus und bin nicht mehr in

Kontakt mit meinem Gegenüber. Und genau darum geht es ja beim Flirten: Dass ich mit meinem Gegenüber in Kontakt komme.

Was ist beim Online-Dating anders?

Das Online-Dating ist ein anderes Kennenlernen als das Kennenlernen im echten Leben. Das funktioniert wie eine Werbeanzeige, die man für sich schaltet. Wenn ich ein Profil sehe, dann ist das, als ob ich ein Leben mit dieser Person sehe. Und das Foto, das ich zeige, ist so was wie eine erste Begegnung. Ein Spiegel-Selfie, bei dem man womöglich noch den Blitz sieht, oder ein unscharfes Bild machen nicht gerade einen guten ersten Eindruck. Und wenn ich so filtere und beschönige, dass man mich bei einem Treffen nicht wiedererkennt? Das ist ja Quatsch.

Gibt es beim Online-Dating Dinge, die immer gut ankommen?

Ein Foto, bei dem ich mein Gegenüber wirklich anstrahle. Auf dem man auch nur mich sieht, und das in meiner besten Verfassung. So, wie ich aussehen möchte, wenn ich meinem Traumpartner oder meiner Traumpartnerin zum ersten Mal gegenübertrete. Ein offener, freundlicher Gesichtsausdruck in einer natürlichen Umgebung.

Und was sollte ich in meinem Profil schreiben?

Ich muss nicht alles über mich erzählen, mein Onlineprofil soll nur dafür sorgen, dass man hängen bleibt und neugierig wird. Mehr nicht. Kein Lebenslauf, nicht alle Hobbys. Lieber etwas rausgreifen, was typisch für mich ist, und darüber zwei, drei interessante Sätze schreiben. Also nicht: Ich gehe gern ins Kino, ich mag Rad fahren, ich lese gern … Ich meine – wer mag das nicht? Besser funktioniert beispielsweise eine Anspielung auf den Lieblingsfilm oder einen Song. Etwas, das ein Aufhänger für eine Frage und ein Gespräch sein kann. Das ist dann fast ein kleiner Geheimcode. Wer denselben Geschmack hat, der wird vielleicht darauf eingehen. So erkenne ich auch gleich die Leute, die mit mir auf einer Wellenlänge sein könnten.

Einige haben Angst, sich persönlich zu treffen, weil ihr wahres Ich nicht mit dem Bild ihres Profils in der Dating-App oder bei Insta und Co. übereinstimmt. Was tun?

Das Erste ist: Ich würde dafür sorgen, dass das Profil ein bisschen mehr dem wahren Ich entspricht. Und: Man kann getrost davon ausgehen, dass es beim anderen genauso ist. Interessant ist es, wenn ich genau das beim ersten Date thematisiere, wenn ich sage: Hey, ich bin nicht immer der Mensch, der Luftballons in den Himmel hält und Spaß hat – ich habe auch Scheißtage. Und ich weine auch ab und zu, weil mich dies oder das berührt oder traurig macht. Und das solltest du wissen. Und dann hat dieser Mensch die Mischung aus dem, was alles toll an einem ist, was er von Insta oder TikTok kennt. Und aus dem, was du da gerade offenbarst, wo du dich verletzlich zeigst. Und das ist übrigens die Mischung, die dich absolut unwiderstehlich macht.

Was sind echte Alarmzeichen beim Dating?

Wenn jemand in den ersten Wochen, in denen man sich kennenlernt, sich schon keine Mühe für mich gibt, dann brauche ich nicht zu erwarten, dass er oder sie das später irgendwann tut. Das, was mir ein Mensch in den ersten vier bis sechs Wochen zeigt – das ist das Beste, was er oder sie anzubieten hat.

Ist es ein Klischee, dass man oft genau dann jemanden trifft, wenn man gar nicht auf der Suche ist?

Nein, das stimmt!

Warum ist das denn so?

Weil wir da so entspannt sind. Ich habe meinen Mann auch getroffen, als ich gedacht habe: *Wisst ihr was? Leckt mich doch alle am …!*

Das Zauberwort heißt Entspannung?

Ja, weil wir dann am lässigsten sind, und dann kann unsere Ausstrahlung auch wirklich ausstrahlen. Und eben auch anziehen. Am unwiderstehlichsten sind wir, wenn wir frisch verliebt sind. In dem Moment, wo wir mit jemandem zusammenkommen, haben wir das Gefühl, plötzlich jeden haben zu können. Verliebtheit schüttet die entsprechenden Hormone aus, wir strahlen und wirken so glücklich. Menschen sehen das und wollen dann auch ein Stück vom Kuchen abhaben.

_____

Seit gut 20 Jahren ist Nina Deißler beruflich in Sachen Liebe unterwegs. Zu den Themen Liebe, Dating und Flirten schrieb sie mehr als ein Dutzend Bücher (»Beziehungsstatus: kompliziert«). Sie gibt unter anderem Flirtkurse und hostet den Podcast »Kontaktvoll«. www.ninadeissler.de

_____

Es geht also um Ausstrahlung. Das ist demnach nicht nur ein blöder Spruch. Je feiner du mit dir selbst bist, desto besser kommst du an.

Du fühlst dich noch gar nicht fein? Das ist völlig in Ordnung. Doch eventuell hast du das schon mal erlebt, dass du, wenn du richtig gut drauf bist, auch nette Begegnungen hast. Ganz unabhängig vom Flirten. Kleiner

Small Talk beim Einkaufen, nettes Kompliment von einer Kollegin, solche Dinge. Und solltest du eines Tages wieder Lust auf etwas Neues haben, dann schau mal, ob du dieses gute Gefühl, diese Offenheit, dieses Strahlen auspacken kannst. Gelingt nicht immer, aber man kann das üben. Jetzt nicht supi Laune auf Knopfdruck vorgaukeln, sondern versuchen, sich selbst in eine schöne Stimmung zu versetzen. Sich da reinzufühlen und an etwas Tolles zu denken. Oder du drehst deinen aktuellen Lieblingssong laut auf, bevor du losziehst. Gut funktioniert das übrigens in Situationen, die uns gar nicht wichtig sind. Denn klar ist, wenn da jemand vor einem steht, den man so richtig, richtig mega findet, dass einem gerne erst mal die Luft wegbleibt und man nur Blödsinn redet. Das mit dem Blödsinn ist zum Glück gar nicht so schlimm, wie du denkst. Bei der ersten Begegnung kommt es weniger auf Inhalte an.

Es geht beim Kennenlernen ums Entspanntsein. Wenn du jemanden treffen willst, begib dich also am besten in eine Umgebung, in der du dich so richtig wohlfühlst. Denn so kannst du dich locker machen und dich von deiner besten Seite zeigen. Das geht im Club, in einem Verein, beim Sport, beim Kochen mit Freundinnen und Freunden ...

Es gibt bestimmt auch Menschen, die Angst vor einem echten Kennenlernen haben, weil sie sich im Netz ein bisschen hübscher gemacht oder mit Dingen angegeben haben, die gar nicht ihnen gehören, oder ihren Lifestyle gepimpt haben. Hey, das machen wohl alle ein bisschen. Wenn du es übertrieben hast, dann lösch Schummeleien und streue ein paar Bilder ein, auf denen man dich auch mal ohne Filter sieht. Und ja, das kann in einem tollen Licht sein, du darfst gut rüberkommen. Aber du solltest deinem Gegenüber auch die Chance geben, dich wirklich zu sehen. Denn das wünschst du dir im Gegenzug ja genauso. Wichtig ist – ganz unabhängig von Insta und Co. –, sich authentisch zu zeigen. Also so echt wie möglich zu sein.

DAS KREUZ DER LIEBE

Du hast schon eine Menge gelernt, zum einen, an welchen Themen du arbeiten möchtest, zum anderen hast du dir vielleicht schon ein paar Gedanken über deine zukünftige Liebe gemacht. Und das bedeutet auch, dass deine zukünftige Liebe ein paar Charaktereigenschaften haben soll, die dir inzwischen wichtig geworden sind. Du hast für dich herausgefunden, dass du schlecht deine Bedürfnisse kommunizieren kannst? Dann wünschst du dir vielleicht jemanden, der/die sensibel und rücksichtsvoll auf dich eingeht. Du wurdest fies betrogen und belogen? Dann soll deine neue Liebe sicher ehrlich und treu ist.

Über diese Dinge nachzudenken ist wichtig, du willst schließlich etwas ändern und andere Menschen anziehen. Um sich darüber noch klarer zu werden, was du selbst verändern willst und was du dir von einem Partner oder einer Partnerin wünschst, gibt es das Liebeskreuz.

Auf der linken Seite geht es um dich. Im oberen Feld wählst du die Eigenschaften aus, die du an dir stärken willst. Im unteren kreuzt du die Themen an, die du eher zurückschrauben möchtest.

Auf der rechten Seite geht es um deine neue Liebe. Im oberen Feld stehen Eigenschaften, die er/sie mitbringen soll. Im unteren geht es um die Gefühle, die du dir in deiner neuen Beziehung wünschst.

Du darfst die gewünschten Begriffe einkringeln oder eigene dazuschreiben.

NEUGIERDE

DAS WILL ICH MEHR

SELBSTLIEBE

MUT

SELBSTBEWUSSTSEIN

FLEXIBILITÄT

ROMANTIK

SEX

EHRLICHKEIT

OFFENHEIT

GEDULD

LEBENSFREUDE

STREITLUST

WUT

DAS WILL ICH WENIGER

STREITSUCHT

SCHÜCHTERNHEIT

EIFERSUCHT

LÜGEN

GEHÄSSIGKEIT

STURHEIT

UNZUVERLÄSSIGKEIT

NEID

UNGEDULD

RECHTHABEREI

SCHWEIGEN

LIEBEVOLL

SO SOLL ER/SIE SEIN

EHRLICH

STARK   EINFÜHLSAM

OFFEN

TREU

LUSTIG

VERLÄSSLICH

KINDERLIEB

GEDULDIG

SEXY

FRECH

NACHSICHTIG

HÖFLICH

RÜCKSICHTSVOLL

INTELLIGENT

SO SOLL SICH DIE NÄCHSTE
BEZIEHUNG ANFÜHLEN

WARM

GLEICHBERECHTIGT   LIEBEVOLL

STARK

INSPIRIEREND

EXKLUSIV

INNIG

VERBINDLICH

ENTSPANNT

GEISTREICH

HARMONISCH

ROMANTISCH

ABENTEUERLICH

VON POLYAMORIE BIS SELF-PARTNERING – BEZIEHUNG GEHT AUCH ANDERS

Die meisten von uns sind damit aufgewachsen, dass es im Grunde nur eine Form der Beziehung gibt: die Monogamie. Das heißt: Zwei Menschen leben in einer Beziehung und sind einander treu.

Aber das muss so gar nicht sein. Vielleicht passt das Modell nicht zu deinen Bedürfnissen? Dann schau doch mal, was es da draußen noch so gibt:

POLYAMORIE

Ein Mensch liebt mehrere Personen. Alle wissen voneinander und sind einverstanden. So können feste Beziehungskonstellationen zwischen mehr als zwei Menschen entstehen, die über Jahre andauern.

OFFENE BEZIEHUNG

Zwei Menschen haben eine Beziehung und erlauben sich darüber hinaus, sich auch mit anderen zu treffen. Wie ausführlich sie von ihren Treffen erzählen und wie weit dabei gegangen werden darf, wird im Vorfeld individuell verhandelt.

FRIENDS WITH BENEFITS

Bei einer Freundschaft plus ist man mit einem Freund oder einer Freundin nicht nur befreundet, sondern steigt auch mal in die Kiste. Einzige Regel: ehrlich sein. Denn wenn eine Seite vielleicht doch heimlich verliebt ist, endet es bloß im Chaos. Sind beide auf derselben Ebene – wunderbar!

SELFPARTNERING

Wer keine Lust auf eine Beziehung hat, der kann es mal mit Selfpartnering probieren. Der Begriff wurde geprägt von der Schauspielerin Emma Watson, die sich in einem Interview mit der britischen *Vogue* als glücklicher Single präsentierte. Darin sagt sie: »I'm very happy. I call it being self-partnered.« (»Ich bin sehr glücklich, ich nenne es self-partnered«). Der Begriff self-partnered meint, dass man sich selbst ein super Partner oder eine Partnerin ist und damit total zufrieden ist.

Im Grunde braucht es natürlich kein Label. Wenn es sich für dich richtig anfühlt, dann ist das wunderbar. Genieße die Liebe – egal in welcher Form du sie findest.

VON ROTEN UND GRÜNEN FLAGGEN

Vielleicht kribbelt es schon in dir und du willst dich bald wieder reinwagen in den großen Dating-Pool. Hier kommt eine kleine Schwimm- und Orientierungshilfe. Manchmal passieren beim Kennenlernen nämlich Dinge, die einen irritieren oder einen komischen Geschmack hinterlassen. Und man denkt: *Hä? Was war das denn?* Aber weil man so verknallt ist, will man diese Sachen nicht so aufblasen und schiebt sie einfach beiseite. Es gibt aber ein paar Warnsignale, sogenannte Red Flags, die du nicht ignorieren solltest. Guck sie dir bewusst an und wäge für dich ab, ob oder inwieweit du sie akzeptieren willst.

GHOSTING

Manchmal verhält der/die andere sich nicht eindeutig oder zieht sich plötzlich wieder zurück. Du triffst jemanden, der absolut bezaubernd war, ihr vibt total, er/sie verspricht, sich zu melden, und dann kommt: nix. Oder krasser: Dein Gegenüber gibt unheimlich Gas, und kaum wart ihr zusammen in der Kiste: Funkstille. Da wird jemand zu einem Geist. Ghosting nennt man das auch. Wir stellen uns dann gerne vor, dass der andere sein Handy verloren hat oder im Koma liegt, aber die Wahrheit ist: Wenn der/die andere sich nicht meldet, nur zum Vögeln vorbeikommt oder immer nur dann schreibt, wenn er/

sie nichts Besseres vorhat – das brauchen wir uns nicht schönzureden –, dann will da jemand nichts Ernstes.

ZWEITE GEIGE

Vielleicht triffst du jemanden, der sich in einer Beziehung befindet, aber trotzdem unbedingt mit dir zusammen sein will, als heimliche Affäre. Machst du klar, dass du da nicht mitgehen willst, kommen manchmal Ausreden wie: *Ich kann ihn/sie nicht verlassen, ihm/ihr geht es gerade so schlecht, ich habe Angst, dass er/sie sich etwas antut.* Oder: *Ich liebe euch beide und kann mich nicht entscheiden, bitte gib mir noch ein bisschen Zeit.* Aber willst du wirklich die zweite Geige spielen?

KONTROLLZWANG

Manche Menschen sind extrem eifersüchtig und wollen ihren Partner oder ihre Partnerin für sich allein. Du sollst dann bitteschön keine Freundinnen und Freunde mehr treffen, und wenn, dann immer sagen, wann du wo genau bist. Du bekommst auch sonst wenig Freiraum und hast das Gefühl, dass da sehr wenig Vertrauen im Spiel ist. Offenbar braucht da jemand Kontrolle – kein gutes Zeichen!

Eine Verbindung zu jemandem, der dich nicht zu schätzen weiß oder der irgendwie total am Rad dreht, ist nicht nur ungesund – sie blockiert dich auch. Solange du deine Energie in eine solche Geschichte investierst, bist du nicht frei. Und solange du nicht frei bist, kannst du auch nicht den Traumpartner / die Traumpartnerin finden, jemanden, der dich behandelt, so wie du es verdienst.

Wenn du dich immer wieder in solchen chaotischen Affä-
ren wiederfindest, frage dich, woran das liegt. Vielleicht
denkst du so etwas wie: *Ich habe eine glückliche Beziehung nicht verdient.* Schau dir doch noch mal das Kapitel
Verantwortung genauer an und versuche, erst mal wieder
in die Selbstliebe zu kommen, bevor du etwas Neues be-
ginnst.

Niemand ist perfekt, wir alle haben unsere kleineren
oder größeren Macken. Es gibt aber ein paar Punkte,
die emotionale Reife beweisen, und das macht das Miteinander in einer Beziehung einfacher, entspannter und
schöner. Man könnte auch sagen, es sind die Green Flags,
die grünen Flaggen, die einem so ein richtig gutes Gefühl
beim Kennenlernen vermitteln.

WÄRME

Da kann dir jemand zum Beispiel emotionale Wärme
geben, indem er dir nicht nur Komplimente macht,
sondern dir auch seine volle Aufmerksamkeit schenkt.
Nein, nicht 24/7, aber wenn er/sie da ist, ist er/sie wirklich anwesend. Dein Love Interest kann zuhören, wenn
gewünscht auch Rat geben und ist einfach da, wenn du
ihn/sie brauchst.
Toll ist es auch, wenn dein Gegenüber dich zu schätzen
weiß und das zum Ausdruck bringt. Er/sie lässt Worten
Taten folgen. Du kannst dich auf Versprechen verlassen.

REIFE

Du hast einen Menschen gefunden, der deine Grenzen
respektiert und dir auch erklären kann, wo seine/ihre ei-

genen Grenzen liegen? Eine gute Basis! Und von jemandem, der an sich arbeitet und daran interessiert ist, sich weiterzuentwickeln, kann man oft eine Menge lernen.

STREITKULTUR

Königsklasse ist es, wenn du jemanden triffst, der Konflikte nicht nur anspricht, sondern auch bereit ist, einen gemeinsamen Lösungsweg zu finden. Sodass ihr euch nicht immer an den gleichen Punkten aufreibt und wirklich weiterkommt. Auch super, wenn der neue Partner oder die Partnerin eigene Fehler erkennen kann und es schafft, sich zu entschuldigen. So kann sich eure Beziehung weiterentwickeln und ihr könnt miteinander wachsen.

ZUKUNFTSMUSIK

Ein Partner oder eine Partnerin, der/die formulieren kann, was er/sie will und was nicht, ist besonders dann wichtig, wenn du dir etwas ganz Bestimmtes von der Beziehung versprichst. Wenn du zum Beispiel jemanden suchst, mit dem du in naher Zukunft zusammenleben möchtest, dann solltest nicht nur du offen darüber reden, sondern auch dein Partner oder deine Partnerin legt idealerweise dar, wie er/sie sich eine gemeinsame Zukunft vorstellt.

LETTE ZWEIFEL

Du bist unsicher. Sollst du dich wirklich wieder da raus-wagen? Denn es schlummert noch in dir. Du kannst das Gefühl von Schmerz immer noch abrufen. Die Narbe auf deinem Herzen ist noch frisch. An schlechten Tagen bist du überzeugt: Würde dich erneut jemand verletzen, wür-de die Narbe aufreißen und die inneren Blutungen wä-ren nicht mehr zu stoppen. An guten Tagen spürst du, wie Zweifel und Ängste ihre Macht einbüßen und dein Selbstbewusstsein stolz auf dem eisernen Thron den Platz einnimmt.

Deine Freundinnen und Freunde finden, dass du öf-ter rausgehen und jemanden daten solltest. Aber nur du kannst ein Gefühl dafür entwickeln, wann du bereit bist, dich wieder auf etwas einzulassen. Bleibe da ganz bei dir und folge deinem Instinkt. Die einen brauchen wenig Zeit, andere mehr. Und vielleicht willst du das auch gar nicht.

Mir geht es endlich wieder gut, ich möchte das genie-ßen. Ich will kein Gefühlschaos, keine Romanze – so, wie es gerade ist, finde ich es genau richtig. Lebe deine Unab-hängigkeit und kümmere dich nicht um die Meinung der anderen. Um glücklich zu sein, braucht es keinen Partner oder eine Partnerin.

Oft ist es aber so: Gerade dann, wenn wir glauben, wir wollen mit dem ganzen Mist, mit Liebe, Beziehung und Co. erst mal nichts mehr zu tun haben, gerade, wenn wir beginnen, uns in unserer Haut wieder so richtig wohlzu-fühlen und überhaupt nicht auf der Suche sind – dann passiert es: Der Blitz schlägt ein. Und vor dir steht dieser wundervolle, umwerfende Mensch, der dich einfach nur großartig findet. Und du denkst: *Meinst du mich? Echt jetzt?* Zweifel steigen in dir auf, denn da sitzt wieder der kleine Teufel auf deiner Schulter, der dir zuwispert: *Was, wenn es wieder nicht funktioniert?* Aber, und nun kommt ein gutes Aber: Du bist jetzt ein bisschen weiser, ein bisschen bedächtiger, ein bisschen stärker und ein bisschen mehr bei dir selbst. Und deshalb ziehst du nun andere Menschen an. Menschen, die besser zu dir passen. Du kannst dich nun da rauswagen, denn du bist gewappnet.

Schließe die Augen und horch in dich hinein. Und wenn deine innere Stimme dir zuflüstert: *Das fühlt sich gut an, komm, trau dich* – dann fege den Teufel von deiner Schulter, hole tief Luft und wage den …

...SPRUNG!

DANKSAGUNG

Danke an Renate Herre, die zur richtigen Zeit am richtigen Ort war. Die gemeinsam mit Anne Bender an das Projekt geglaubt und mich mit so viel Herzenswärme in der Carlsen-Familie aufgenommen hat.

Ich danke meinem Ehemann Arne, der ebenfalls zur richtigen Zeit am richtigen Ort war, und das nicht zum ersten Mal ... schön, dass es dich gibt.

Ich danke meiner wunderbaren Lektorin Rebecca Jaacks. Eine alte Seele, die mich mit Weisheit, Gelassenheit und guter Laune auf dieser Reise begleitete.

Dank auch an Hanna Wenzel: Deine Kreativität hat mich tief beeindruckt und deine Illustrationen bereichern dieses Buch.

Für die großartige Gestaltung dieser Seiten geht mein Dank an Gunta Lauck.

Danke an Birgit Wietholz, die schwere Zeiten ein bisschen leichter machte.

Johanna von Rauch, danke für die Hilfe und Unterstützung ganz am Anfang.

Jessica Braun, für die unendlich vielen klugen Tipps, für dein Ohr und dein wertvolles Feedback danke ich dir sehr.

Großen Dank an meine Agentin Franziska Günther, die sogar im Urlaub auf Mails antwortet, und an meine Agentur Graf & Graf.

Einen herzlichen Dank an Cathérine Patzelt und Jakob Rösch für ihre psychologische Expertise und Beratung beim Kapitel »Zusammenbruch«.

Ich danke meinen Freunden und meiner Familie, insbesondere Marc – ohne euch ginge gar nichts.

Ganz besonders möchte ich meinen Expertinnen danken, die mir ihr wertvolles Wissen und ihre Zeit schenkten: Helen Fisher, Pia Kabitzsch, Katrin Westerhoff, Eva-Maria Zurhorst und Nina Deißler. Mit euch zusammen würde ich gerne mal einen Abend am Küchentisch über die Liebe reden.

Ich danke meinen Eltern von Herzen, die so oft mit Suppe und Butterkuchen vorbeikamen und die Kinder gehütet haben.

Johanne und Romy, ihr seid meine Inspiration, danke, dass ihr mich jeden Tag aufs Neue verzaubert.

QUELLEN

1 Helen Fisher/Lucy Brown https://theanatomyoflove.com/3d-brain-tour/

2 https://www.mittelalter-lexikon.de/wiki/Liebeskrankheit

3 https://www.wege-zur-psychotherapie.org/wp-content/uploads/2019/03/BPtK_Elternratgeber.pdf

4 https://www.bmjv.de/SharedDocs/Artikel/DE/2021/0324_Bekaempfung_von_Stalking.html

5 nach Prof. Dr. Franz Ruppert.

6 Vgl. Eva-Maria Zurhorst: *Liebe dich selbst und es ist egal, wen du heiratest*, München, 2007, S. 290 – 294.

7 Vgl. Ann-Marlene Henning, Tina Bremer-Olszewski: *Make Love – Ein Aufklärungsbuch*, Berlin, 2012, S. 15.

Literatur:

Baron-Cohen, S.: *Vom ersten Tag anders – das weibliche und das männliche Gehirn*, Hyne, (2006)

Fisher, H.: *Warum wir lieben ... und wie wir besser lieben können*, Knaur, München (2007)

Fisher, H.: *Anatomy of Love – A Natural History of Mating Marriage and Why We Stray*, New York (2016)

Henning, A.-M., **Bremer-Oszewski**, T.: *Make Love – Ein Aufklärungsbuch*, Rogner & Bernard, Berlin (2012)

Illouz, E.: *Warum Liebe weh tut*, Suhrkamp, Berlin (2011)

Schnarch, D.: *Brain Talk: Wie wir das Gehirn nutzen, um uns selbst und andere besser zu verstehen*, Kösel, München (2020)

Schnarch, D.: *Intimität und Verlangen: Sexuelle Leidenschaft wieder wecken*, Klett-Cotta, Stuttgart (2011)

Stahl, S.: *Das Kind in dir muss Heimat finden – das Arbeitsbuch*, Kailash, München (2021)

Wells, M. : *The Secret Wound: Love-Melancholy And Early Modern Romance*, Stanford University Press, Stanford (2006)

Zurhorst, E.-M.: *Liebe dich selbst und es ist egal, wenn du heiratest*, Goldmann, München (2009)

Zurhorst, E.-M., Zurhorst, A.: *Wenn ich mich nicht liebe, wie soll mich jemand anders lieben?*, Gräfer & Unzer, München (2021)

Links:

» https://theanatomyoflove.com/

» https://www.neurologen-und-psychiater-im-netz.org/kinder-jugend-psychiatrie/warnzeichen/suizidabsichten-suizidversuch/moegliche-ursachen/

» https://www.destatis.de/DE/Themen/Gesellschaft-Umwelt/Gesund-heit/Todesursachen/Tabellen/sterbefaelle-suizid-erwachsene-kinder.html

» https://neuro.hms.harvard.edu/harvard-mahoney-neuroscience-institute/brain-newsletter/and-brain/love-and-brain

» https://hms.harvard.edu/news-events/publications-archive/brain/love-brain

» https://sitn.hms.harvard.edu/flash/2017/love-actually-science-behind-lust-attraction-companionship/

» https://www.smithsonianmag.com/smart-news/lucy-australopithe-cus-turns-41-180957384/

» https://www.bmjv.de/SharedDocs/Artikel/DE/2021/0324_Bekaemp-fung_von_Stalking.html

» https://www.gesundheitsforschung-bmbf.de/de/nervensystem-und-psyche-9431.php

Dokumentarfilm:

Frei, Christian: *Sleepless in New York*, 2014

Tina Bremer-Olszewski ist Kulturwissenschaftlerin. Sie arbeitet als Journalistin und Autorin und lebt mit ihrer Familie in Hamburg. Im Dr.-Sommer-Team der *Bravo* schrieb sie über die Sex- und Liebessorgen von Jugendlichen. Ihr Aufklärungsbuch *Make Love* war für den Deutschen Jugendliteraturpreis nominiert.

———————

Hanna Wenzel zeichnet als freischaffende Illustratorin für Agen-
turen und Verlage. Schon vor ihrem Studium der Kommunikati-
onsgestaltung schuf sie Illustrationen und Graphic Novels, die
sie seit einigen Jahren auch selbst publiziert. Ihre Zeichnungen
zeigen vor allem Alltagsthemen, dabei legt sie großen Wert auf
kleine Gesten und filigrane Details.

———————

**CARLSEN-Newsletter: Tolle Lesetipps kostenlos per E-Mail!
Unsere Bücher gibt es überall im Buchhandel und auf carlsen.de.**

© 2021 Carlsen Verlag GmbH, Hamburg

Text © Tina Bremer-Olszewski

Umschlag- und Innenillustrationen: Hanna Wenzel

Buchtiteltypografie: Suse Kopp, Hamburg

Lektorat: Rebecca Jaacks

Gesamtgestaltung, Satz und Herstellung: Gunta Lauck

Lithografie: Margit Dittes, Hamburg

Druck und Bindung: Livonia print, Riga

ISBN: 978-3-551-58457-1